« L'interprète ne peut qu'analyser sa mise en œuvre. L'opération comporte des risques mais c'est à ce prix qu'on peut espérer approcher la pensée qui habite ces objets et leur donne aujourd'hui encore, leur qualité de présence. »

Daniel Arasse, *L'annonciation italienne : une histoire de perspective*

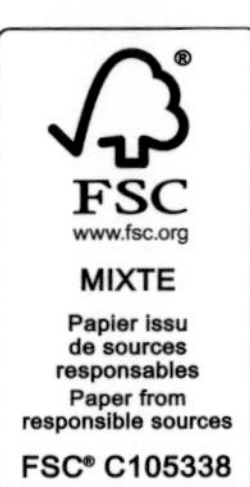

© 2020, Guyot Clément, Christine
Edition : Books on Demand,
12/14 rond-Point des Champs-Elysées, 75008 Paris
Impression : BoD - Books on Demand, Norderstedt, Allemagne
ISBN : 9782322224715
Dépôt légal : juin 2020

Le jeu de la fenêtre dans

les fresques

du Trecento et du Quattrocento

Christine Guyot – Clément
Master 1- INHA- 2015

Avant propos

Ce petit livre d'histoire de l'art est la version remaniée de mon master 1, réalisé à Paris 1 sous la direction de Madame Anne-Laure IMBERT, en 2015.

 Le choix de la thématique fut discuté avec ce professeur, suite à un moment qui fut fort pour moi lorsqu'elle nous montra — en cours — les fresques de Matteo Giovannetti au Palais des Papes — moment où l'angle de la pièce sert de transition au peintre pour narrer la *storia*.
Cet exemple fugitif montré en complément de son cours sur Giotto attira mon œil et mon attention et je décidai d'approfondir ce rapport entre l'architecture du lieu et la peinture de la fresque.
Elle me suggéra de me cantonner *à la fenêtre* dans un premier temps, ce que je fis pour cette première recherche et de continuer en master 2 où d'autres éléments architecturaux seront pris en compte.

Nous espérons que la lecture de ce livret, vous donnera envie d'aller sur place voir ou revoir ces fresques italiennes et françaises qui attendent votre présence pour vous émerveiller par leur richesse picturale, symbolique, in situ.

Vous déplacer, faire le pari de la découverte, vous redonnera ce rapport essentiel et unique à cet art du Trecento et du Quattrocento qui — avant vous — sut toucher, éduquer les habitants de ces villages qui s'enorgueillissaient de les posséder.

<h1 style="text-align:center">Lieux des fresques</h1>

- Avignon / Villeneuve- lès – Avigon - Vaucluse

- les fresques de la Chapelle Saint Jean (1348) au Palais des papes d'Avignon et celle de la Chapelle St Jean-Baptiste à la Chartreuse de Villeneuve-lès-Avignon (1358) de Matteo Giovannetti, peintre papal.

- Castiglione Olona, province de Varèse, Lombardie

- la fresque de la vie de Jean-Baptiste (1435) de Masolino da Panicale

- Arezzo, Toscane

- la fresque de la Légende de la Croix (1420- 1452) de Piero della Francesca

- Montesiepi, Toscane, province de Sienne

- la fresque de L'Annonciation (1344) d'Ambrogio Lorenzetti à Montesiepi à l'abbaye de San Galgano, située à 30 km au sud de Sienne

- à Rome, Latium

- la fresque de la vie de Sainte Catherine (1411 – 1431) de Masolino da Panicale, à San Clemente

Introduction

S'intéresser au rapport plastique que les peintres des fresques du Trecento et du Quattrocento entretiennent avec le bâti des édifices religieux revient à pointer le rapport que nous, regardeurs, entretenons avec l'espace, déterminé que nous sommes par notre position physique et spatiale au cœur de l'édifice concerné, immergé dans ces peintures murales qui nous submergent et qui sollicitent notre regard et notre réflexion dans une temporalité exogène à leur réalisation. Comment les peintres ont-ils pensé ce rapport au bâti qui leur était imposé par la commande ? Comment en peintre soucieux de mettre en scène la *storia* ont-ils traité cet espace, ce « lieu » qui leur était confié ? Quel corpus choisir ?

Dans le cadre d'un travail d'initiation à la recherche en Histoire de l'art tel que nous le propose le Master 1, il nous faut nécessairement restreindre le champ dans le temps et dans l'espace puisque ce que nous tentons de mettre en relief est une dynamique de traitement des surfaces du bâti mise en scène par les peintres du Trecento et du Quattrocento, en particulier en nous focalisant sur un élément « simple » mais qui, en fait, s'avère être un grand questionnement: le traitement de la surface non bâtie mais bien présente et « déjà là » avant la commande même: la fenêtre.

Aussi avec l'aide de notre directeur de mémoire, nous avons choisi quatre peintres (et six fresques) deux qui appartiennent au Trecento: la fresque de L'Annonciation (1344) d'Ambrogio Lorenzetti à Montesiepi à l'abbaye de San Galgano, située à 30 km au sud de Sienne et les fresques de la Chapelle Saint Jean (1348) au Palais des papes d'Avignon et celle de la Chapelle St Jean-Baptiste à la Chartreuse de Villeneuve-lès-Avignon (1358) de Matteo Giovannetti, peintre papal. Et deux au Quattrocento: à Rome, Masolino da Panicale, à San Clemente la *fresque de* la vie de Sainte Catherine (1411 – 1431) et à Castiglione Olona, la vie de Jean-Baptiste (1435) et Piero della Francesca à Arezzo avec la fresque de la Légende de la Croix (1420- 1452).

Dans ce groupe de peintres, des influences agissent au sein de la chronologie mais aussi de la géographie: Ambrogio Lorenzetti et Matteo Giovannetti même si l'un ne vivra qu'en Italie alors que l'autre ne vivra quasiment qu'en France - en Avignon-.

Quelle méthode d'analyse choisir ?

Celle qui majoritairement pour notre propos nous a aidé à apprendre à voir et à s'interroger sur le sens des œuvres en situation, apprenant à croiser les points de vue non seulement spatiaux mais aussi intellectuels. La démarche tonifiante et interrogative d'un Daniel Arasse alliée à la compétence rigoureuse d'un Philippe Morel, tous deux nourris originellement de la réflexion initiale et fondamentale d'un Louis Marin, désireux de remettre du sens sémiologique dans des études d'histoire de l'art devenues par trop descriptives, sans oublier le père fondateur de nos études en iconologie et iconographie Erwin Panofsky. Une méthode qui exige de mettre en place les fondamentaux avant de faire des hypothèses, et qui respecte le *in situ* des œuvres, la documentation des documents archivés et tente ensuite d'analyser par les mots, de rendre compte d'une expérience esthétique forte procurée par les œuvres mêmes. Nos mots n'étant que la tentative parfois et souvent maladroite de laisser « parler » l'œuvre qui au sein d'un prisme foisonnant de significations laisse entrevoir la vision et la main « à l'œuvre » du peintre et de son « équipe », sa « bottega » plastiquement engagés pour représenter souvent l'indicible.

Aussi, dans un premier temps, nous tentons de définir les termes mêmes du titre de ce mémoire: « espace », « fenêtre » et « représentation », pour en un deuxième temps, présenter le corpus des œuvres choisies dans leur cadre régional, architectural, et pictural avec leurs dates, leurs commanditaires et leurs caractéristiques pour enfin dans un troisième temps, tenter une synthèse analytique sur ce que ce cheminement au cœur des lieux nous a appris sur la manière de « concevoir l'espace » de la fresque et sa réalisation concrète, nous donnant ainsi des outils pour alimenter notre recherche concernant une meilleure connaissance picturale, symbolique voire allégorique de ces fresques, de ces peintures murales qui encore aujourd'hui au delà des ans tissent avec nous un rapport d'intelligence et de beauté.

Par ailleurs, ayant compris l'importance de la place du spectateur quant à l'analyse des fresques - comme l'écrit Louis Marin[1] dans son ouvrage à propos des fresques de Piero Della Franscesca à Arezzo:

« Cet espace de placement et de déplacement du spectateur (...) est d'abord un espace architectural, le volume creux interne à l'édifice et ensuite un espace fonctionnel religieux et familial (il s'agit d'une chapelle de famille commémorative située dans le chœur d'une église franciscaine) où placements et déplacements sont réglés par les protocoles de la cérémonie religieuse, publique et privée ».

Il nous faut préciser les conditions de visite des fresques de notre corpus. Ayant décidé d'aller « à pied d'œuvre » pour voir les fresques, nous devons reconnaître que certaines situations vécues ont été préjudiciables à notre étude. Mises à part les fresques d'Ambrogio Lorenzetti à San Galgano au sud de Sienne et de Masolino da Panicale à Castiglione Olona où nous ne pouvions pas aller, pour les autres lieux visités, il est à regretter que nous n'avons pas été autorisés à pénétrer dans la chapelle sauf à Arezzo où avec le flux des touristes, nous avons admiré les fresques de Piero della Francesca selon divers angles et apprécier leur composition dans leur ensemble.

Au Palais des Papes, nous ne vîmes la Chapelle St Jean ([2]) que depuis la porte tandis qu'à la Chartreuse de Villeneuve-lès-Avignon, nous pûmes voir à l'intérieur de la chapelle Saint Jean –Baptiste les fresques de Matteo Giovannetti. A Rome, à San Clemente ([3]) il nous fallut rester derrière les grilles qui ferment la Chapelle de Sainte Catherine aux visiteurs et nous contenter de voir les fresques de Sainte Catherine et de Saint Ambroise par le côté et bien mal.

---

[1] Louis MARIN *Opacité de la peinture. Essais sur la représentation au Quattrocento* Éditions Usher 1989 p.143

[2] La chapelle St Martial était en restauration et malgré notre requête écrite auprès du Conservateur, il ne nous a pas été permis de voir les fresques de Matteo Giovannetti de cette chapelle.
Aussi, notre volonté de mesurer l'espace bâti pour en apprécier le volume n'a pas été réalisable. Nous aimerions si nous poursuivons cette recherche en Master 2 avoir des moyens plus sophistiqués pour pouvoir le faire.

[3] A San Clemente, les grilles fermées de la Chapelle nous obligèrent à ne voir les fresques que de loin et de biais donc fort mal.

Ceci pour signaler qu'étudier les fresques *in situ* dans leur volume architectural exige des conditions de réception autres que celles octroyées au simple touriste. Mais nous espérons que cette difficulté à approcher les fresques au plus près et « in situ » ne sera pas préjudiciable à notre étude et que les livres consultés, écrits par des historiens d'art qui, eux, travaillant sur le long terme, ont pu fréquenter « à pied d'œuvre » les fresques, ont souvent comblé nos lacunes visuelles vécues, par exemple l'excellent travail de Enrico Castelnuovo[4] au Palais des papes d'Avignon pour la Chapelle Saint Jean et celle de la Chartreuse, celui de l'anglaise Eileen Kane[5] pour la chapelle de sainte Catherine de Masolino da Panicale à San Clemente à Rome.

---

[4]Enrico Castelnuovo, *Un peintre italien à la cour d'Avignon*, 1991], trad. Fr. Gérard Montfort, 1996

[5]Eileen KANE San Clemente the Saint Catherine Chapel Collegio San Clemente Rome KINA italia S.p. A Milan 2000

Chapitre 1: « espace », « fenêtre », « représentation », des notions à préciser

Définir les termes qui fondent notre recherche nous semble nécessaire dans la mesure où en histoire de l'art, la période étudiée — ici la fin du Trecento et le Quattrocento — exige une connaissance du contexte spatial, architectural, historique, tel que les protagonistes des œuvres: commanditaires et peintres l'expérimentaient et le vivaient. Non pas pour tenter de faire une évocation pseudo historique des lieux et des oeuvres mais bien plutôt pour ne pas faire d'erreurs sur des notions véhiculées par des termes qui servent à définir le cadre même de notre étude. Etudier « le jeu de la fenêtre dans les fresques du Trecento et Quattrocento » implique premièrement de s'interroger sur la notion d'*espace* pour en apprécier les différentes significations, puis sur la *fenêtre* elle-même au plan architectural et enfin sur la notion même de « *représentation* » puisqu'elle justifie notre méthode.

A. La notion d'espace

Etudier les fresques implique de tenir compte de ce qui les caractérise dans leur « *appartenance étroite à la structure et au lieu, et l'articulation des scènes et de leurs multiples composantes figuratives contrairement à ce qu'il en serait d'un tableau* » comme le précise Philippe Morel dans son introduction au très bel ouvrage: L'art italien du IV ème siècle à la Renaissance [6].

Donc s'il y a « lieu », il y a bien « espace ». Mais quel espace[7] ?

---

[6]Philippe MOREL, Daniel ARASSE, Mario d'ONOFRIO L'art italien du IVème siècle à la Renaissance éd. Citadelles et Mazenod 1997

[7]Nous soulignons *en italique* les données qui nous semblent fondamentales

a.1.   De Vitruve à Giotto

Il est intéressant de rappeler ici ce que Vitruve dans son *De architectura* au 1ᵉʳ siècle avant notre ère, écrivait à propos des peintures murales dans leur rapport au bâti architectural.

Au livre V, Vitruve [8] précisait que dans les appartements d'été, d'automne ou de printemps, les anciens aimaient décorer dans leur demeure les grands pans de murs qui s'y prêtaient admirablement « *Aussi les anciens, qui firent les premières peintures sur les enduits, imitèrent les différentes bigarrures du marbre, et firent ensuite des compartiments variés, traçant des figures rondes et triangulaires en jaune et en rouge* ». Nous retrouvons *ces bigarrures de marbre* dans la partie basse des fresques de Piero della Francesca à Arezzo, au baptistère de Castiglione Olona comme dans bien d'autres fresques italiennes du Trecento et du Quattrocento. Les conseils de Vitruve sur la préparation des matériaux et de ce qu'il faut faire techniquement, témoignent de l'importance de cette technique murale qui fut connue dans l'antiquité grecque et romaine et qui fut à nouveau retravaillée, développée et magnifiée par les peintres du Trecento et du Quattrocento.

Quelle était la conception de l'espace architectural au Trecento ?

Tout d'abord avec E. Kluckert, historien d'art allemand, rappelons que:

« *Les peintres du Trecento eurent tout d'abord à cœur de demeurer en adéquation avec les données architectoniques réelles, ce qui se traduisit par l'introduction du croyant dans la thématique sacrée. C'était la relation du spectateur à l'œuvre picturale qui importait. L'espace formé par l'église servait – même symboliquement- de cadre à l'image religieuse.*

C'est probablement pour cette raison que Giotto « eut l'idée » de faire de la surface murale le tout premier plan de l'espace pictural. Désormais, ce dernier devenait en quelque sorte accessible au croyant; et les saints de la scène représentée «abordables». En l'église

---

[8] Voir le site http: //remacle.org/bloodwolf/erudits/Vitruve/ où le texte en latin et sa traduction en français de toute l'oeuvre de Vitruve est accessible.

supérieure de Saint-François à Assise, il fut apporté la preuve vers la fin du XIIIe siècle qu'il était possible, dans une œuvre picturale, d'accorder une place à la réalité extérieure. Cette formule tranchait radicalement avec le schéma byzantin qui, alors encore dominant, cherchait à suggérer la proximité des choses de la foi tout en s'attachant à montrer l'inaccessibilité des saints et des figures bibliques». [9]

L'espace de la chapelle ou de l'église devint un lieu partagé où la fresque tissait avec celui qui la regardait un lien de communication, particulier et original selon la place où il se trouvait et selon ses connaissances théologiques, religieuses, et son rang social au sein de la cité. A partir de cette époque, l'espace pictural peint tend à se construire dans une *cohérence spatiale* qu'ignoraient les peintres byzantins qui véhiculaient une image et un lien au divin fait de distance, respectueux de la transcendance inaccessible du sacré.

a.2. La notion d'espace architectural d'Alberti

Avec Alberti qui définit l'espace architectural comme le lieu même du vivant, la notion d'espace s'enrichit. Suivons la remarquable étude faite par Françoise Choay [10] avec les trois axiomes, tels qu'elle les nomment pour rendre compte de la réflexion d'Alberti sur l'architecture dans son *De re aedificatoria*.

Ainsi cette historienne[11] de l'architecture écrit pour synthétiser la pensée d'Alberti :

« 1/ Le premier axiome, celui de la triade peut se formuler :

« l'édification consiste en trois parties respectivement régies *par la nécessité, la commodité et le plaisir* ». Cet axiome établit les trois niveaux, chaque fois simultanément logiques, chronologiques et axiologiques, de l'activité architecturale et il détermine trois types de règles. Il sert à établir la division tripartite du *De re aedificatoria* et se déploie tout au long du traité par croisement avec les autres opérateurs.

---

[9]E.Kluckert *la peinture Gothique,* dans *l'art Gothique*, Konemann, 1999.p. 386, 387

[10]Léon Battista ALBERTI *L'art d'édifier 1485* traduit du latin par Pierre Caye et Françoise Choay Edition du Seuil 2004 Coll Sources du Savoir

[11]opus cité p.140

On le voit travailler dès le prologue où il sert à structurer l'éloge de l'architecture.

2/ Le second axiome peut se formuler: « *Tout édifice est un corps.* » ...

« méthodologique », « structural » et « organique ». Le premier corollaire précise que « *comme tout corps, tout édifice est indissociablement composé de forme et de matière* ». Il détermine le plan de la première partie du *De Re aedificatoria* (…) et permet par croisement avec les axiomes un et trois d'engendrer une partie des règles de construction.

« *tout comme un corps(vivant), l'édifice est composé d'une ossature (éléments porteurs),de tendons et ligaments (éléments de liaison)ainsi que d'une chair(remplissage) et d'une peau (revêtements). (..) le troisième corollaire (organique) il rend compte à la fois de l'adaptation de l'édifice à ses fins et de son harmonie.* »

3/ Le troisième axiome peut se formuler: « *La diversité des humains et leur demande est sans limites ; pour être efficacement prise en compte dans le progrès de la programmation, elle demande à être intégrée dans un cadre taxinomique arbitraire* » On peut considérer comme des propriétés de cet axiome les oppositions binaires: universel/particulier, public/privé, sacré/profane, urbain/rural, relevant du loisir/relevant du travail qui servent à définir le programme.

Et Françoise Choay d'ajouter :

« *On peut penser qu'Alberti pose pour la première fois dans l'histoire, les conditions de ce que nous appellerions une sémiologie de l'espace bâti.* » [12]

Ainsi, la poétique du temple, par exemple, est régie par deux séries de règles. Les unes concernent *l'extérieur* et permettent de lui faire exprimer la transcendance divine et la majestueuse sévérité de la religion par leur implantation dans un site naturel ou dans un contexte urbain et par le traitement des murs. Les autres s'appliquent à *l'espace intérieur* du temple pour susciter la terreur religieuse, le recueillement

---

[12]opus cité p.141

ou le sentiment du mystère par la disposition de son plan, l'aménagement de son toit et de ses ouvertures.[13]

D'un côté Alberti reste obsédé par le principe d'économie que lui inspire son esthétique négative et, à la limite, lui ferait considérer la bonne forme comme un idéal suffisant.

Il est conduit à élaborer deux esthétiques compétitives formulées parallèlement tout au long du Livre X.

« Une esthétique encore naturaliste mais non réductible à celle de la bonne forme quoique dotée elle aussi d'universalité, prend son assise non plus sur le corps de l'animal mais sur le corps humain, à la fois comme acteur et comme modèle: le plaisir engendré par la beauté architecturale met en jeu le corps entier ainsi qu'en témoigne l'exemple de la « promenade architecturale » de celui qui en jouit et qui perçoit le bel édifice comme un autre corps, régi par les mêmes proportions. »[14]

Cette citation fort longue de Françoise Choay est parfaitement adéquate à notre propos et à notre étude: elle énonce parfaitement le rapport et le sens du bâti tel qu'Alberti le définit et elle exprime avec justesse notre propre rapport à cet espace architectural des lieux de notre étude et aux fresques étudiées.

En effet, comment ne pas être interpellés par cette définition de l'espace architectural comme celui d'un corps, lieu d'équilibre et d'harmonie, lieu de cohérence qui explique adéquatement ce rapport de cohérence et d'harmonie que « les peintres » auront à cœur de respecter en « jouant » avec lui et en particulier avec la fenêtre. C'est précisément parce que nous expérimentons face aux fresques, ce plaisir visuel, intellectuel et artistique que nous avons choisi un tel sujet pour notre recherche.

a.3.La notion d'espace d'Aristote: un lieu

Puis, il faut rappeler la notion d'espace chez Aristote pour mieux comprendre la composition des fresques en particulier la première de

---

[13]opus cité p.142
[14]opus cité p.143

notre corpus: celle de *l'Annonciation* d'Ambrogio Lorenzetti à San Galgano en 1340-1344, celle de Masolino da Panicale avec la fresque de Sainte Catherine à San Clemente à Rome et celle de Piero della Francesca à Arezzo.

Comme l'écrit Daniel Arasse dans son *Annonciation italienne* [15]:

« Comme on va le voir « l'espace » d'Ambrogio Lorenzetti demeure aristotélicien ; loin d'être un « espace » au sens moderne, il demeure la somme des lieux occupés par les corps » et c'est au sein de cette théorie des lieux que se définit le caractère radicalement novateur de cette Annonciation. »

C'est dans l'ouvrage de Max Jammer[16] qui retrace les différentes théories du concept d'espace depuis l'Antiquité jusqu'aux années 70, que nous avons lu la définition la plus claire du concept aristotélicien de « topos ».

Pour Aristote, il n'y a pas d'espace au sens moderne du terme. L'espace est conçu par rapport au mouvement des corps, ce qui lui fait écrire dans La Physique livre IV: le lieu est considéré *« comme une enveloppe immobile du corps »* l'espace est la somme de tous les lieux occupés par les corps d'où les changements de lieux tels que nous les observons dans les fresques de notre corpus.

« 1. Une preuve manifeste de l'existence de l'espace,[17] c'est la succession des corps qui se remplacent mutuellement dans un même lieu. Là où il y a de l'eau maintenant, arrive de l'air quand l'eau sort de ce lieu, comme quand elle sort par exemple d'un vase; et c'est un autre corps qui vient occuper ce même lieu que le premier corps abandonne. » […]

§ 1. Une fois fixés sur l'existence de l'espace, il n'en reste pas moins difficile de savoir ce qu'il est. L'espace est-il la masse quelconque d'un corps? Ou est-il de quelque nature différente? Notre première recherche, en effet, doit être de savoir à quel genre il appartient. **§ 2.**

---

[15]Daniel Arasse *L'Annonciation italienne, une histoire de perspective*, Hazan, 2003, p.59.

[16]Max Jammer *Concepts d'espace, une histoire des théories de l'espace en physique* Vrin 2009

[17]http: //remacle.org/bloodwolf/philosophes/Aristote/physique4.htm

L'espace a bien les trois dimensions, longueur, largeur et profondeur, qui déterminent toute espèce de corps. Mais il est impossible que l'espace soit un corps; car il y aurait ainsi deux corps dans un même lieu. §[...]

Nous admettons encore que le lieu primitif, l'espace primitif, n'est ni plus petit ni plus grand que ce qu'il contient, qu'il n'est jamais vide de corps, et qu'il est séparable des corps. Nous ajoutons enfin que tout espace, tout lieu, a le haut et le bas, et que par les lois mêmes de la nature, chaque corps est porté ou demeure dans les lieux qui lui sont propres, c'est-à-dire soit en bas soit en haut. Mais ce qui fait croire qu'il y a grande difficulté à comprendre l'espace, c'est que d'abord il a la fausse apparence d'être la matière et la forme des choses, et ensuite, c'est que le déplacement du corps qui est transporté, a lieu dans le contenant qui demeure en place et en repos. Dès lors, il paraît qu'il peut être l'intervalle interposé entre les grandeurs qui s'y meuvent et distinct de ces grandeurs. Ce qui aide encore à l'erreur, c'est que l'air semble être incorporel et alors ce ne sont plus seulement les limites du vase qui paraissent être le lieu ; *et c'est aussi l'intervalle entre ces limites en tant que vide.*(chapitre VI -26)

§ 2. En général, on entend par le vide un espace dans lequel il n'y a rien. § 3. Cette idée vient de ce qu'on regarde toujours l'être comme un corps, et que tout corps est dans un lieu, dans un espace. Par conséquent, le vide est l'espace où il n'y a aucun corps ; et s'il est un espace où il n'y ait pas de corps, on dit que là il y a le vide. (chapitre IX – 2-3-)

Ces citations prises à la Physique nous informent sur le questionnement du philosophe concernant une définition difficile à trouver de l'*espace* mais surtout elles nous proposent des clés pour regarder le traitement de la surface des fresques de notre corpus. Les peintres créent des espaces peints avec l'architecture réelle du site propre de chaque lieu qui les aident à en construire d'autres peints par eux-mêmes pour mettre de la clarté dans leurs *storie*, pour mettre en scène la vie de leurs personnages les habillant de couleurs bien reconnaissable et distincte: par exemple, Sainte Catherine, toute de noire vêtue, si élégante chez Masolino à San Clemente ou les couleurs pastels des suivantes de la Reine de Saba de Piero della Francesca à la basilique Saint François à Arezzo.

Ce cloisonnement des *storie* dans la fresque, voulu par les peintres du Trecento et du Quattrocento se comprend d'autant mieux qu'on le lie à cette conception de l'espace aristotélicien. [18]

a.4.Points de vue des architectes Charpentrat et Jean Michel Leniaud

Enfin, nous faisons référence à deux lectures qui nous ont nourri pour mieux cerner cette notion d'espace: celles de Pierre Charpentrat qui travailla avec Pierre Francastel dans son laboratoire des Hautes Etudes, spécialiste du baroque, et qui en cherchant à démystifier le baroque s'attacha à mettre en valeur les fonctions sociales de ce dernier, cherchant à découvrir l'articulation entre l'espace architectural et les fonctions qu'il doit remplir. Mais c'est surtout son article sur *le Trompe l'œil* qui a éclairé notre lanterne quant à ce rapport entre illusion et réalité de la représentation.

« Le trompe l'œil proprement dit n'est en aucune manière ressenti comme imitation, comme reflet.Il ne renvoie justement, en cas de parfaite réussite, à rien d'autre qu'à lui même. » [19]

Nous ferons appel à son analyse quand en troisième partie, nous tentons une synthèse du jeu de la fenêtre avec les fresques de notre corpus.

Mais aussi et en dernier la référence à Jean Michel Leniaud, directeur d'études à l'École pratique des hautes études, qui s'intéresse à l'importance du son, véhiculé et entendu grâce au volume de l'espace architectural et à l'importance également de la lumière. Traitant du jeu de la fenêtre, dispensatrice de lumière, les remarques de J.M. Leniaud nous ont confortés dans ce regard que nous portons sur ces espaces

---

[18]Nous renvoyons à l'analyse percutante de Max Jammer sur ce point passionnant car il y ajoute la doctrine théologique judéo-chrétienne des noms de Dieu qui recoupent ceux de l'espace.

[19]Pierre Charpentrat *Effets et formes de l'illusion* Nouvelle revue de Psychanalyse Numéro 4 automne 1971 Gallimard p.162

pour lesquels le bâti joue son rôle premier mais aussi la lumière qui conditionne notre réception face aux œuvres et interpelle notre réflexion quant à son sens inclus dans ceux déjà portés par la fresque elle-même.

Il écrit dans un article[20] destiné à un public d'enseignants :

« En France, les historiens de l'art se sont rarement intéressés à l'architecture comme sculpture d'une forme qu'on regarde successivement de l'extérieur et de l'intérieur et à la valeur plastique de ces volumes. Ils ont souvent négligé les interactions qui s'établissent entre les espaces du dedans et ceux du dehors, c'est-à-dire la lumière et la question des limites plus ou moins distinctes qui unissent et séparent les sphères du profane et du sacré. Quant à la question du son dans l'architecture, elle ne paraît pas avoir intéressé grand monde. Une exception, de taille: Le Corbusier, qui note le rapport entre l'acoustique et les formes et aime citer Bernard de Clairvaux: « Tu désires voir, écoute: l'audition est un degré vers la vision. « Claudel a forgé l'expression: « L'œil écoute ». Je dirai pour ma part que l'architecture peut se définir comme la mise en scène du son. »

Pour notre étude, ce n'est pas cette attention portée au son qui nous intéresse mais bien celle portée à la lumière. Ainsi lorsque développant son analyse sur l'espace religieux des églises, il fait cette remarque :

« L'espace intérieur concerne la délimitation entre l'intérieur et l'extérieur. On peut distinguer succinctement deux types de solution. Celle de l'espace fermé, héritée de l'Antiquité, reprise au haut Moyen-Âge et remise en honneur à l'âge néo-classique, tient de la basilique et de la salle de concert: elle rassemble une boite parallélépipédique de plan barlong et une abside hémi-circulaire. Les murs extérieurs (gouttereaux) sont percés dans leur partie haute d'ouvertures relativement étroites. De cet espace clos, le regard perçoit rapidement

---

20

http: //eduscol.education.fr/cid46339/espace-lumiere-et-son-dans-l-architecture-religieuse.html *et clairement les données: il n'est pas en contact avec l'extérieur. L'autre type d'espace, qu'on pourrait qualifier d'ouvert, est beaucoup plus complexe: loin de constituer une structure unitaire, il s'augmente de petits espaces satellites, telles qu'absides et absidioles qui repoussent les limites du regard. Au sein de cet espace, la multiplication des plans verticaux des colonnes et le traitement de l'encadrement des ouvertures contribuent à estomper les différences entre vide et bâti et à dématérialiser les maçonneries. Autant l'espace clos est immédiatement compréhensible et rationnel, autant le second est rebelle à l'analyse: il fuit devant le regard et gomme la frontière entre le dedans et le dehors. »* Et plus loin :

« La qualité de la lumière est liée, évidemment, à la structure de l'espace. Elle est nette et directe dans l'espace clos, beaucoup plus diffuse dans l'espace ouvert » …

Il éclaire notre recherche en resituant l'espace architectural dans les fonctions sociales et religieuses qui lui sont attribuées.

Et lorsque cet historien de l'Ecole des Chartes s'intéresse au rôle du son pour appréhender cet espace religieux, il rappelle de manière historique les gestes des officiants et leur orientation spatiale qui a trait à la lumière et à l'espace « vécu » par le public présent.

« Elles (les émissions sonores) proviennent d'abord du célébrant, au fond du chœur, tantôt psalmodiant, ou parlant tantôt à voix haute, tantôt à voix basse. Lorsqu'il prie vers l'Est, dos aux fidèles, sa voix est dirigée vers l'abside puis revient vers la nef ; lorsqu'il se retourne vers l'assistance, le son se dirige directement vers l'Ouest. On observe donc à ce stade plusieurs niveaux d'intensité sonore: fort, lorsque le prêtre s'adresse à l'assemblée ; plus étouffé lorsqu'il s'adresse à Dieu, tourné vers l'Est, voire faible, sinon inaudible lorsqu'il prononce les paroles du Canon appelées secrètes. [...] Les différents plans sonores qui caractérisent l'acte sacrificiel contribuent à sculpter l'espace de l'abside en introduisant trois registres, celui du mystère, celui de la prière solennelle et celui de l'appel à participer ».

Même si ces remarques peuvent sembler annexes à notre propos, il n'en faut pas moins les garder à l'esprit quand nous ferons la synthèse de notre étude car tous ces lieux sont des chapelles donc des lieux religieux où était célébrée la liturgie catholique et pour certains continuent encore aujourd'hui leur fonction de lieu de prière, de recueillement et de célébration de la messe: ainsi à San Galgano, à Castiglione Olona, à Arezzo, alors que la Chapelle Saint Jean du Palais des papes, celles de la Chartreuse de Villeneuve- lès -Avignon et à San Clemente, sont désaffectées.

B. La notion de fenêtre

b-1. Leur taille

Pour appréhender avec justesse la fenêtre telle qu'elle se donne à voir dans les bâtiments de notre corpus, nous avons consulté le dictionnaire raisonné de l'architecture française du XIème au XVI ème siècle, édition BANCE – MOREL de 1854 à 1868 ([21]) qui rappellent comment les fenêtres des édifices religieux furent conçues en fonction des avancées technologiques de leurs acteurs. Pour notre corpus, la dimension architecturale de la construction de la fenêtre nous importe en tant qu'elle favorise un volume « autre » avec ses embrasures, un creux qui module différemment la surface murale qui accueille la composition de la peinture murale. Sa place, sa taille et son exposition pour recevoir la lumière sont les paramètres les plus intéressants pour notre recherche. C'est pourquoi nous donnons leur forme et leur taille dès à présent pour que nous ayons -déjà- une vue générale de celles-ci. La fenêtre est un trou, un vide, qui interrompt le mur et avec laquelle le peintre doit « jouer » au sens où il est contraint de « faire avec ». Et ce jeu varie selon la taille, la lumière dispensée et la proportion que cette fenêtre construit avec le reste du bâti.

Comme le définit le dictionnaire raisonné de l'architecture française :

« En effet, une fenêtre est faite pour donner du jour et de l'air à l'intérieur d'une salle, d'une chambre ; si le vaisseau est grand, il est

---

[21]http: //fr.wikisource.org/wiki/Dictionnaire_raisonn%C3

*naturel que la fenêtre soit grande ; s'il ne s'agit que d'éclairer et d'aé-
rer une cellule, on comprend que la fenêtre soit petite. Dans une église
où l'on se réunit pour adorer la Divinité, on n'a pas besoin de voir ce
qui se passe au dehors [...] mais dans une salle affectée à un service
civil, il faut pouvoir au contraire regarder par les fenêtres ; pour regarder par les fenêtres il faut les ouvrir facilement. Voilà donc des
données générales qui doivent nécessairement établir une différence
dans les formes des fenêtres appartenant à des édifices religieux et
civils. »*

Ainsi les plus petites baies de notre corpus sont celles du baptistère de
Castiglione Olona (Fig.1)

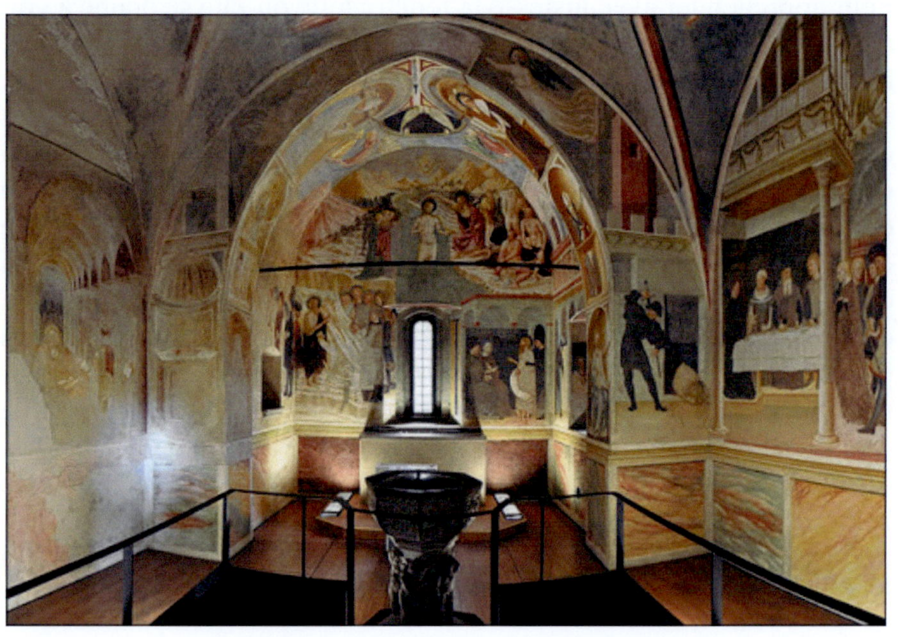

Fig. 1 Fenêtre du baptistère de Castiglione Olona

24

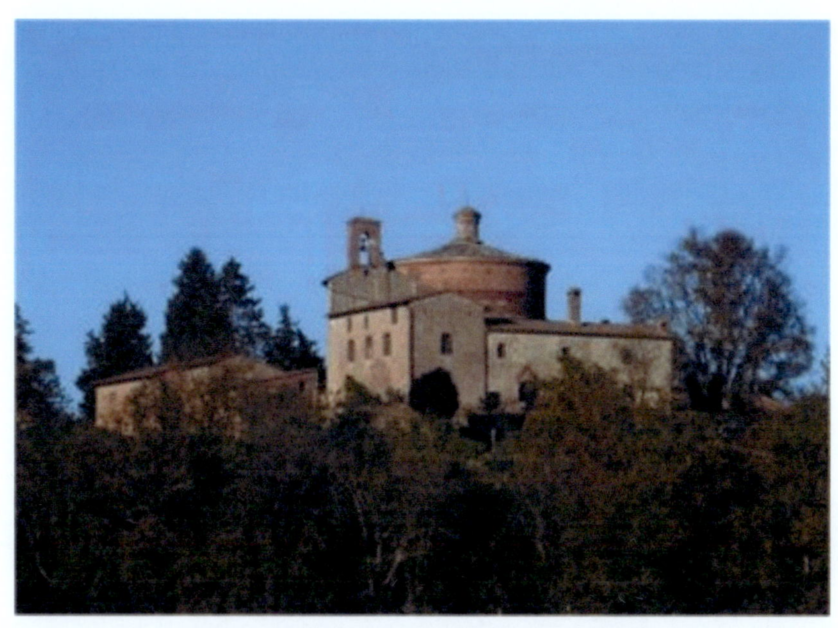

Fig. 2 Vue de la chapelle de San Galgano de l'extérieur

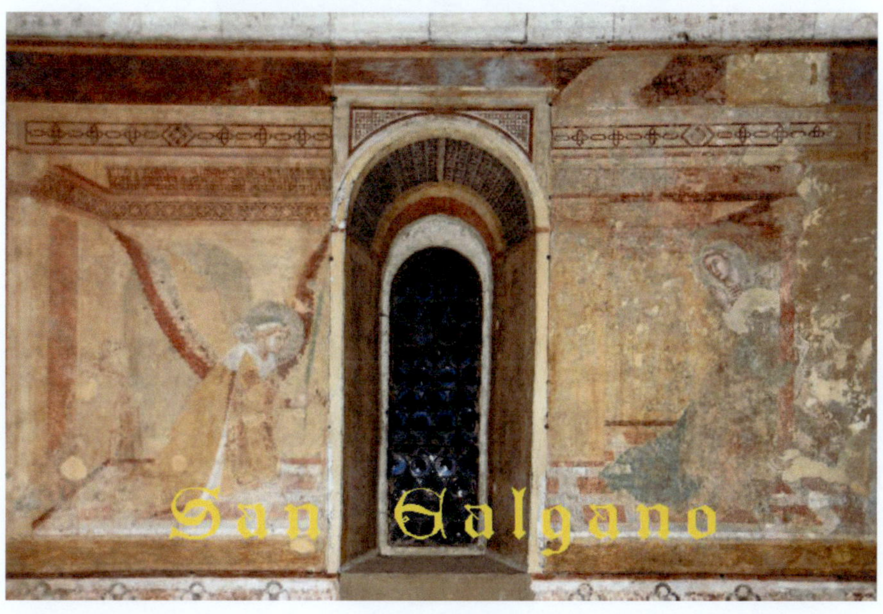

Fig 3. Fenêtre de la fresque de l'Annonciation d'Ambrogio Lorenzetti à San Galgano

et les plus grandes celles de la Chapelle Saint-Jean du Palais des papes et de la Chartreuse de Villeneuve-lès-Avignon ainsi que celles d'Arezzo (Fig.6)

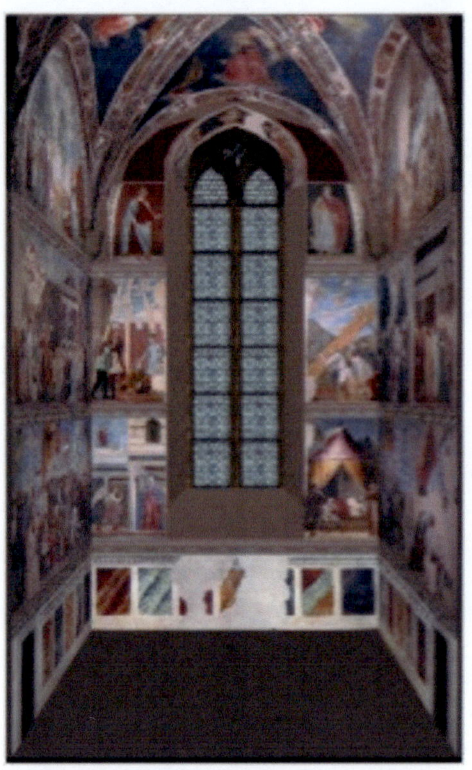

Fig.6. Vue de l'intérieur de la baie de la chapelle St François à Arezzo

Toutes deux vitrées aujourd'hui de verre - type cul de bouteille- laissant passer peu de lumière, le verre étant très épais. Les plus grandes baies sont à la Chapelle Saint Jean du Palais des papes (Fig.5) et la chapelle Saint Jean-Baptiste de la Chartreuse. (Fig.4)

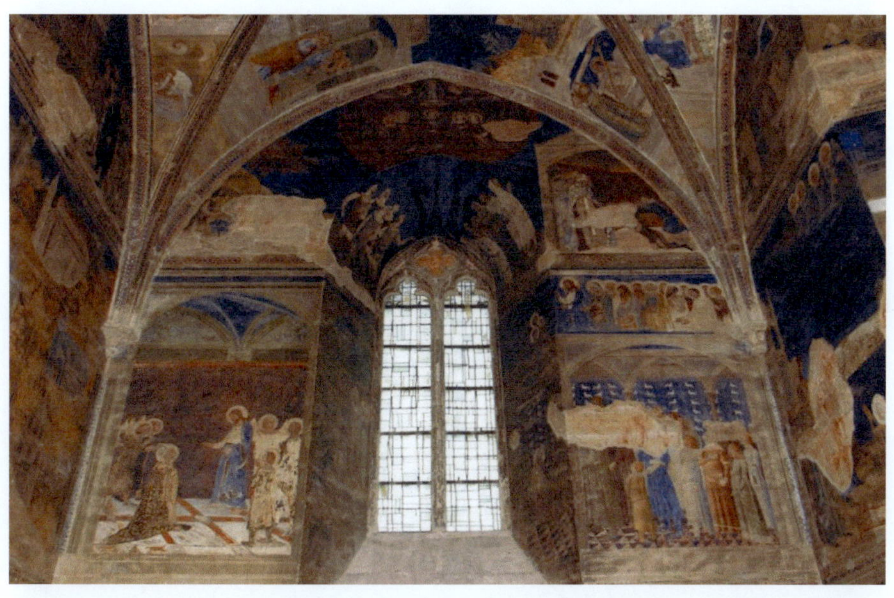

Fig.5 Vue intérieure d'une des trois baies de la Chapelle St Jean au Palais des papes à Avignon

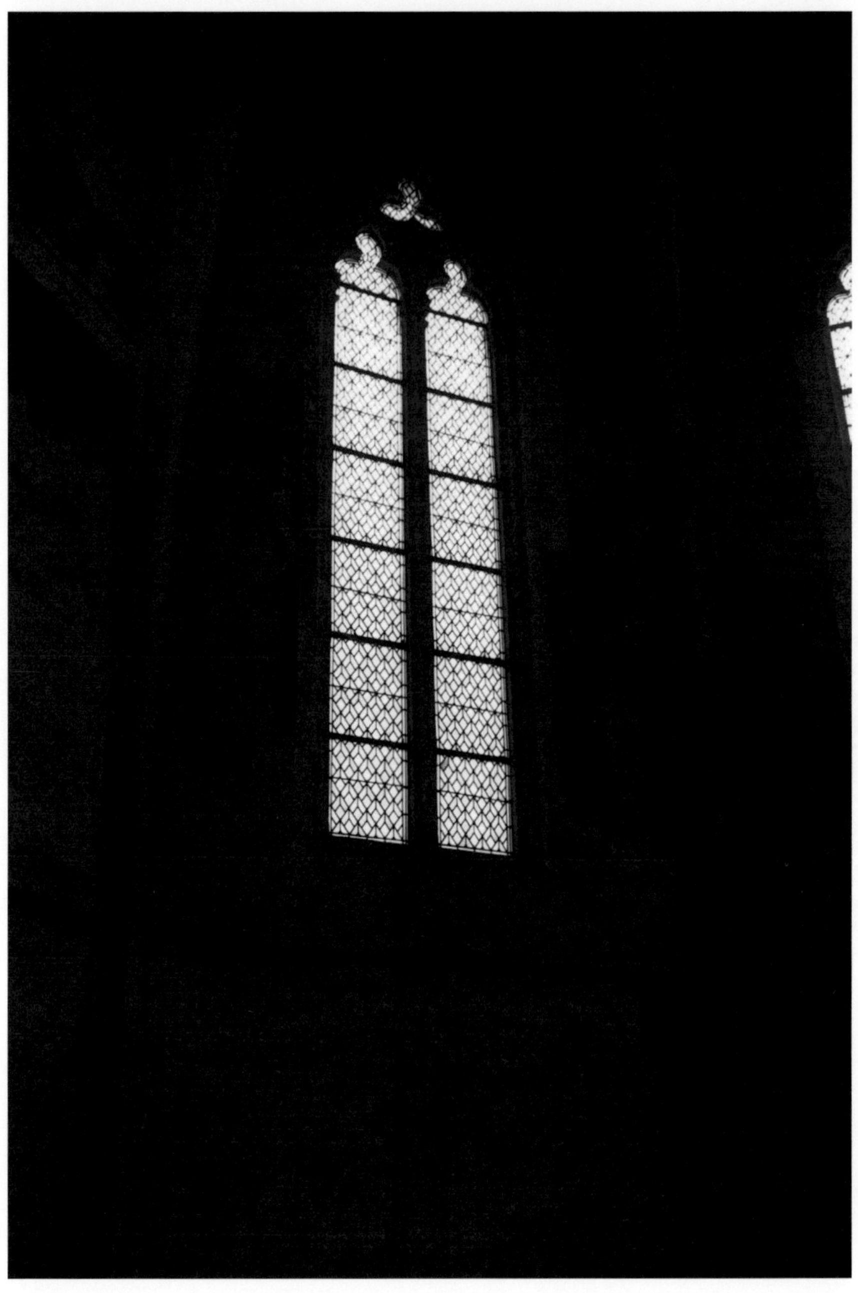

Fig. 4 Vue intérieure et extérieure des baies de la Chapelle St Jean à la Chartreuse lez Avignon

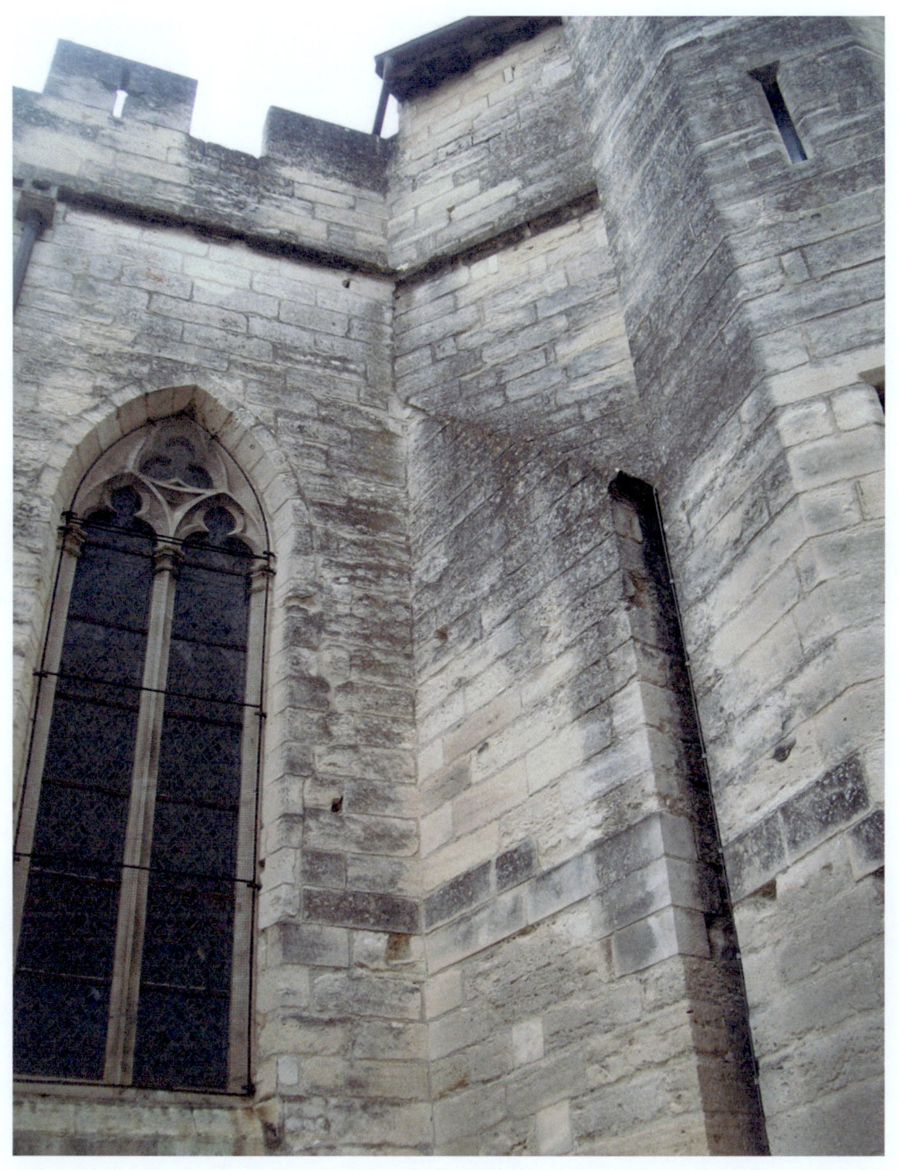

et à la basilique Saint François à Arezzo.

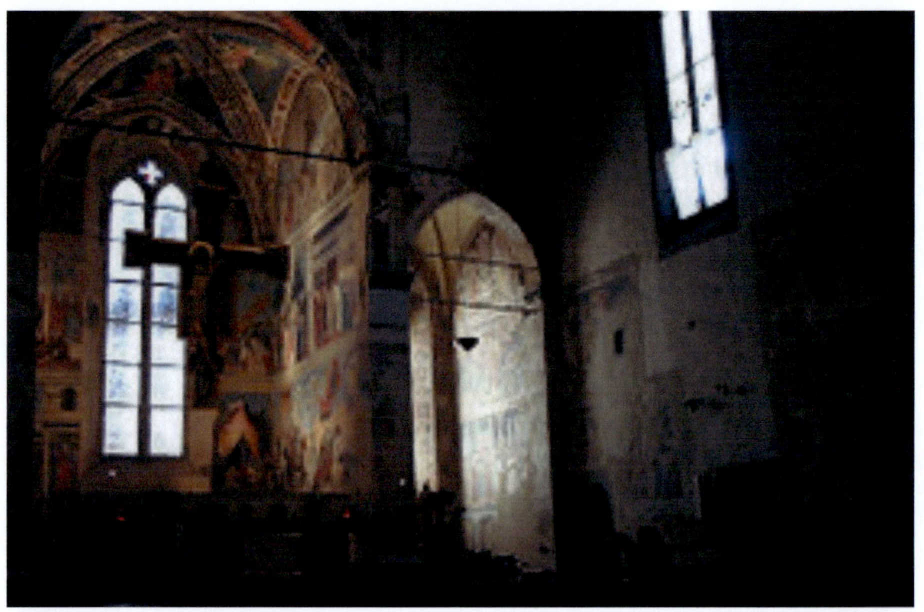

Fig.7.Vue d'ensemble de la baie de la Chapelle de la légende de la vraie Croix à Arezzo -1462- 1466

« *Quant aux proportions de ces fenêtres percées dans des édifices, elles sont soumises à la place qui leur est assignée ; elles sont habituellement courtes dans les étages inférieurs, et longues dans les étages supérieurs. D'ailleurs, l'idée de défense dominant dans toutes les constructions romanes du VIIIe au XIIe siècle, on avait le soin de ne percer que de petites fenêtres au rez-de-chaussée,* (comme nous l'observons à Castiglione Olona et à San Galgano) *assez étroites souvent pour qu'un homme n'y pût passer ; ou bien, si l'on tenait à prendre des jours assez larges, on divisait la fenêtre par une colonnette* » comme nous le voyons à la basilique St François à Arezzo et à la chapelle St Jean au Palais de Papes et à la chapelle St Jean-Baptiste à la Chartreuse de Villeneuve- lès- Avignon.

b-2 La lumière

Et ces remarques précises sur la manière dont la lumière pénètre dans le lieu.

*« La lumière qui passe à travers une baie donnant dans un intérieur forme un cône ou une pyramide suivant la figure de la baie ; c'est-à-dire qu'au lieu d'être divergents, les rayons lumineux sont convergents de l'extérieur à l'intérieur: ainsi (4), soit une baie abcd, l'extérieur étant en **A**, la lumière directe, pleine, formera la pyramide abcde, et tout ce qui ne sera pas compris dans cette pyramide ne recevra qu'une lumière diffuse ou de reflet. La pyramide sera plus ou moins allongée suivant que la baie sera plus ou moins orientée vers le cours du soleil.*

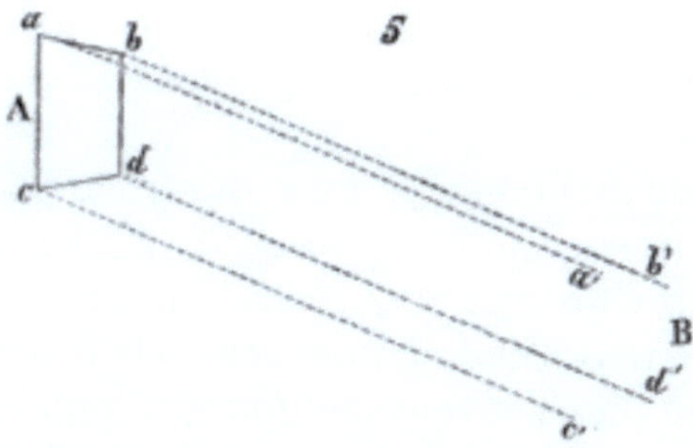

Cette architecture admet que certaines parties d'un vaisseau doivent être plus éclairées que d'autres ; elle inondera un sanctuaire de lumière et laissera la nef dans un demi-jour, ou bien elle prendra dans les extrémités du transept des jours énormes, tandis qu'elle laissera le sanctuaire dans l'obscurité, ou bien encore elle percera de petites fenêtres dans les murs des collatéraux, tandis qu'elle rendra les voûtes hautes lumineuses ; elle procédera avec la lumière comme elle procède quand il s'agit de décorer une ordonnance, elle sait faire des sacrifices ; elle est sobre ici pour paraître plus brillante sur tel point ; elle use des moyens qui ont été le privilège de notre art avant l'ère classique ; elle pense que les fenêtres n'existent pas par elles-mêmes ; que leur dimension, leur forme, sont la conséquence du vide à éclairer.

...donc, toute fenêtre doit avoir une ouverture proportionnée à l'étendue du vaisseau à éclairer ; si cette ouverture est trop petite, on voit la fenêtre, mais elle ne donne plus de lumière directe, et ce n'est pas tant la multiplicité des jours qui donne de la lumière franche dans un intérieur que leur dimension relative. » [22]

La proportion de la fenêtre correspond à l'ouverture nécessaire à l'éclairage du volume de la chapelle. Nous étudions comment les peintres ont traité avec elle en fonction de la composition des fresques à peindre sur les murs des chapelles et la question fondamentale qui nous anime est: cette fenêtre-là -dans chaque dispositif -joue-t-elle un rôle dans la signification de la lecture de l'œuvre ? Et si oui lequel? En quoi la manière dont le peintre a travaillé « avec elle » définit sa manière de concevoir sa composition qui interfère sur le sens de la *storia* et du message transmis.

b-3. Une remarque lexicale sur le terme de baie et de fenêtre

Une baie est selon la définition du dictionnaire: « une ouverture dans un mur (terme venu du verbe béer). Elle est destinée à laisser un passage à travers le mur pour permettre aux hommes ou aux animaux de circuler (la porte et le portail), pour éclairer, pour aérer, (la fenêtre et le *jour*). [...] Les baies ont le plus souvent une forme simple de découpe: rectangulaire, circulaire ou ogivale. Le détail de leurs contours s'est complexifié puis extrêmement simplifié au fil du temps.

La baie est encadrée par le chambranle dans son embrasure (le vide laissé) que la baie soit une *baie libre*, sans dispositif la refermant, ou n'en soit pas une. Cet encadrement qui est parfois un simple élément visuel et non structurel peut être intégré à la construction du gros œuvre. »[23]

L'*embrasure* de la baie joue un rôle fondamental dans notre étude, car si elle est peinte, elle illustre une nouvelle manière de travailler avec

---

[22]http://fr.wikisource.org/wiki/Dictionnaire_raisonn%C
[23]in site: http: //fr.wikipedia.org/wiki/Baie_%28architecture%293

et sur l'espace du mur bâti d'où la nécessité de préciser ces termes indispensables à la clarté de notre étude.

C. La notion de « représentation ».

Nous nous situons dans cette famille intellectuelle initiée par Louis Marin en 2006 quand dans le texte de son introduction à son analyse dans *Opacité de la peinture, essais sur la représentation au Quattrocento* [24], il définit l'objet de sa recherche en tentant d'articuler « texte » passé et théorie « contemporaine » sémiotique pour « explorer les modes et les modalités, les moyens et les procédures de la présentation de la représentation ».

D'où l'attention portée aux *dispositifs de présentation*, conditions de possibilité et *d'effectivité* de la représentation de la peinture, comme le cadre, le décor, le plan de représentation etc…afin d'en mesurer dans tous les cas, et de façon aussi précise et rigoureuse que possible, « *les effets de sens* » quant au procès de représentation, quant au regard et à l'œil qui s'en approprient les formes et les couleurs, mais aussi « les effets de présence » et leurs investissements idéologiques, politiques, religieux, dévotionnels etc…

c-1 Le jeu

Et si nous disons « le jeu », il nous faut définir la nature du « jeu » et les termes mêmes de sa réalisation. De même qu'un *jeu de cartes* réclame: des joueurs, des cartes à distribuer et une règle sans laquelle le jeu ne serait pas possible, notre étude exige la prise en compte de la matérialité du bâti architectural et de la fenêtre au cœur de cet espace construit avec ses règles propres. Ou encore celui de l'acteur sur scène qui nous fascine par son « *jeu* » c'est- à - dire par son style, sa présence et sa capacité à incarner tel ou tel personnage de théâtre classique ou contemporain. Quel que soit le jeu, il y est toujours question de lieu, de temps, d'espace, d'incarnation donc de corps. Et cela tombe bien

---

[24] *Opacité de la peinture. Essais sur la représentation au Quattrocento,* Louis MARIN Nouvelle édition revue par Cléo Pace, Editions de l'Ecole des Hautes Etudes en sciences sociales, 2006 p. 15

car - de fait - au Quattrocento, l'architecture depuis Vitruve et rappelé par Alberti est considérée comme un corps.

Si donc « *dispositifs il y a* » pour la mise en scène de la peinture dans l'ordonnancement que la peinture des fresques propose et dispose, la fenêtre architecturale - donnée – là -, nécessaire au « lieu » nous semble être un élément intéressant pour tenter d'expliciter notre ressenti face à ces compositions picturales qui nous séduisent de par leur taille, leur dessin, leur coloris et surtout parce qu'elles sont tributaires d'une contrainte évidente et d'importance: celle du mur, des murs choisis par le commanditaire et où en fonction du cadre architectural, le peintre a dû « composer » au meilleur sens du terme celui de « faire avec ». Chaque peintre a dû penser sa composition dans l'espace bâti - déjà donné- pour placer ensuite la fresque avec la *storia* ou les *storie* en fonction et avec cette fenêtre ou ces fenêtres, tel que chaque lieu l'y contraignait.

Nous cherchons à en trouver les « *effets de présence* » et les « *effets de sens* » au cas par cas. Mettant ainsi en forme un travail d'analyse des œuvres qui tient compte de trois paramètres essentiels à nos yeux :

> ➢ Leur plasticité environnementale
> ➢ Leur exécution contrainte au temps de leur exécution
> ➢ et leur réception aujourd'hui quant à leur perception et signification.

L'étude du ***Jeu de la fenêtre*** signifie que cette étude s'intéresse à l'articulation entre le cadre architectural donné et la fresque au plan de la mise en scène de la *storia,* de sa représentation qui influe sur le plan narratif et donc au plan signifiant. La fresque n'est pas décorative, elle exprime la pensée du peintre à l'œuvre, pensée qui s'exprime par et avec les contraintes architecturales déjà données. Ce sont ces articulations, ces mises en scène qui intéressent l'historien d'art à la recherche d'une compréhension de ce qui est donné à voir, à contempler et aussi à interpréter.

c- 2 La problématique

La question fondamentale qui nous anime est: cette fenêtre-là – dans chaque dispositif joue-t-elle un rôle dans la signification de la lecture de l'œuvre ? Et si oui lequel? En quoi la manière dont le peintre a travaillé « avec elle » définit sa manière de concevoir sa composition qui interfère sur le sens de la *storia*. Et avec elle, nous proposons des hypothèses de sens liées à notre réception des œuvres aujourd'hui alliée aux sources historiques ainsi qu'à certaines études et analyses d'historiens d'art, prédécesseurs à notre étude.

Ainsi après avoir défini les trois mots clés de notre étude: espace, fenêtre et représentation, nous présentons en respectant la chronologie, les lieux et les fresques de notre corpus pour en apprécier les particularités et les variantes avant d'en proposer une sémiologie synthétique et analytique finale.

Chapitre 2: Présentation des lieux et des fresques du corpus

2.1. *Ambrogio Lorenzetti à San Galgano: la fresque de l'Annonciation -1344 -*

Les fresques d'Ambrogio Lorenzetti décorent la chapelle qui jouxte la rotonde construite en 1340 (Fig.9)

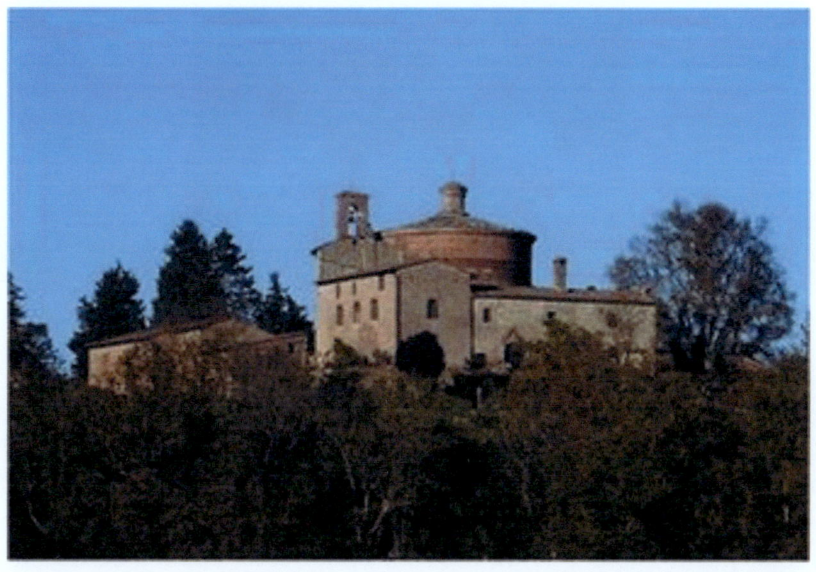

Fig. 9. La rotonde et les édifices annexes vus de l'abbaye

à proximité de l'abbaye cistercienne construite en 1220, consacrée en 1268 et dont il ne reste, aujourd'hui, que des ruines. La charpente s'effondra au XVème siècle et elle devint un lieu de pillage de pierres.

Au Moyen Age, ce lieu fut un haut lieu de pèlerinage en Toscane car celui que l'on appela San Galgano n'est autre que le chevalier <u>G</u>algano Guidotti (Fig. 10)

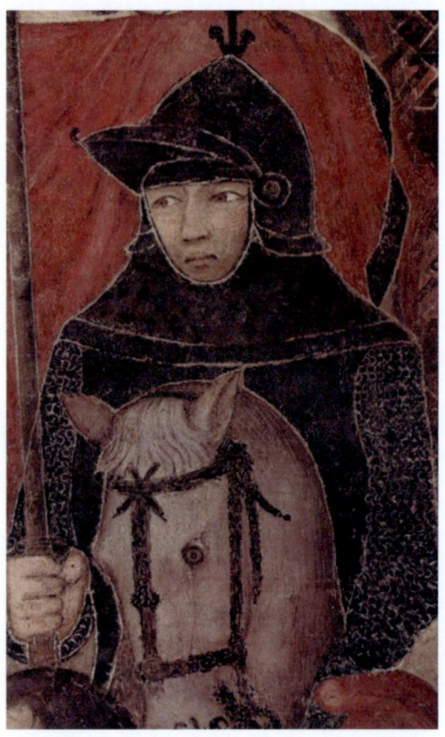

Fig. 10 Le chevalier Galgano Guidotti

 qui s'était converti après une jeunesse dissolue et s'était retiré en pénitence, en ce lieu où la chapelle fut édifiée en 1185, sur sa tombe devenu objet de culte populaire. Quatre années après sa mort, il fut canonisé par le pape Lucius III. Son épée reste, encore de nos jours, plantée dans la roche et est visible dans la chapelle de la Rotonde. D'après la légende, ce chevalier se serait converti suite à une apparition qu'il aurait reçue de l'archange Saint Michel sur la colline de Montesiepi.

 Mais ce sont les moines cisterciens dont deux sont représentés aux pieds de la Vierge en gloire au-dessus de l'Annonciation, en bas à gauche, Saint Robert de Molesme et, à droite en bas, Saint Bernard de Clairvaux (Fig.11)

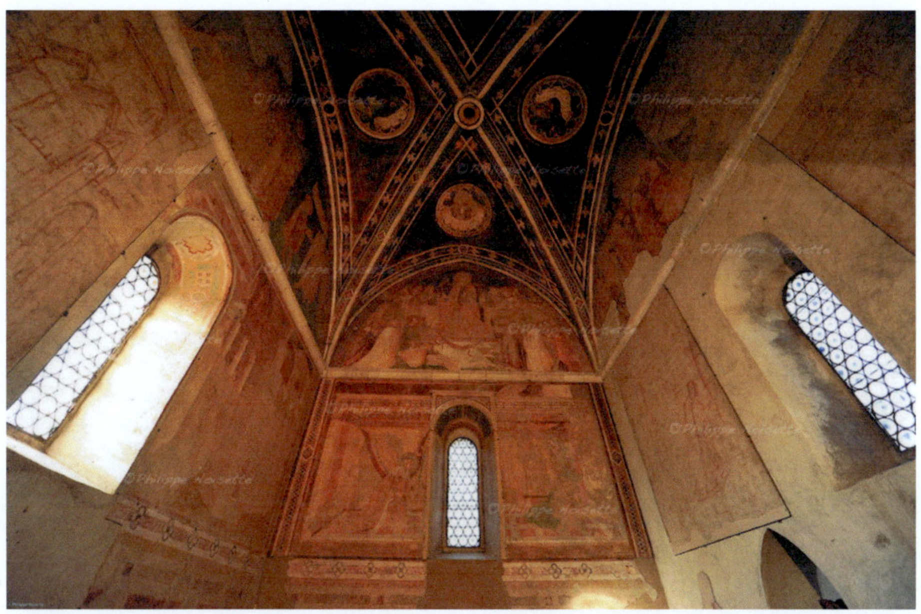

Fig.11 Ensemble des trois murs avec les trois fenêtres et la voûte de la chapelle

qui commanditèrent la fresque à Ambrogio Lorenzetti, alors peintre siennois renommé qui travaillait, à Sienne, à la fresque du Bon et du Mauvais gouvernement (1338) dans la salle des Neuf au palais du gouvernement ; ce qui donne à penser que ce fut son atelier - *sa bottega* - qui y travailla à partir des dessins du maître entre 1340 et 1344.

Les fresques inachevées d'Ambrogio Lorenzetti (1290 – 1348) racontent des épisodes de la vie de Saint Galgano, accompagnés d'une *Maestà* et d'une *Annonciation*. Et c'est cette *Annonciation* qui est la première oeuvre du Trecento que nous étudions car elle fonde, à nos yeux, ce jeu entre la fenêtre et la mise en scène de la *storia* – ici - l'Annonciation.

Dans un premier temps, si nous regardons la photo de la chapelle (Fig.11) nous voyons que trois fenêtres inondent de lumière l'espace de la chapelle. Chaque fenêtre en forme d'ogive, de petite taille est placée au centre exact de chaque pan de mur. Celle qui nous fait face devant l'autel, coupe en son milieu la fresque de l'Annonciation d'Ambrogio Lorenzetti (hauteur 240m). L'encadrement de la fenêtre n'est pas peint et le verre en cul de bouteille laisse entrer la lumière fortement si le soleil brille.

La composition d'Ambrogio Lorenzetti repose sur le principe d'un cycle associant des scènes de la vie de San Galgano et de la personne de Marie comme figure centrale du mystère de la Rédemption, peinte derrière l'autel. L'Annonciation se trouve en effet sous l'image d'une Vierge en majesté entourée d'une cour céleste avec à ses pieds, Eve la pécheresse dont Marie rachète la faute (Fig.12).

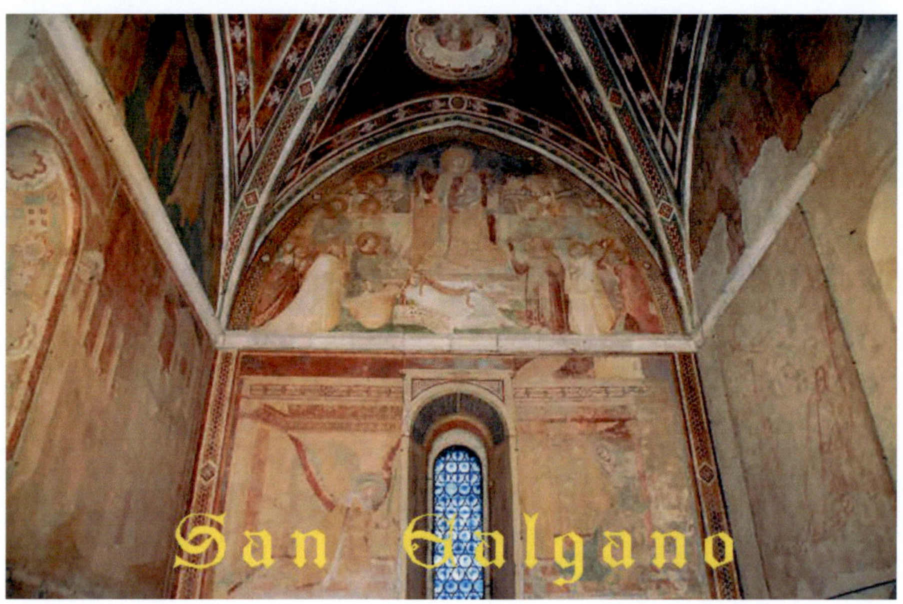

Fig.12 Photo prise à l'office de tourisme de San Galgano

De plus, cette représentation de l'annonce de l'Ange à Marie est située sur le mur derrière l'autel. Cet emplacement, comme l'écrit Daniel Arasse :

« suffit à indiquer les implications liturgiques de la scène, qui sert visuellement de fond de célébration du mystère de L'Eucharistie lors de la messe, ces implications étant d'autant plus fortes que la chapelle a été conçue comme chapelle funéraire. »

Pour décrire la composition d'ensemble du système iconique, il faut noter que seul le mur qui nous fait face offre deux scènes majeures:

celle de la Maesta de la Vierge qui semble terrasser de sa splendeur le corps d'Eve, la pécheresse, représentée allongée (Fig. 13) et (Fig.14) au milieu du panneau peint encadrée des deux saints: Saint Robert de Molesme et, à droite en bas, Saint Bernard de Clairvaux et l'Annonciation qu'Ambrogio Lorenzetti a peint de part et d'autre de la fenêtre, plaçant à sa gauche l'Ange et à sa droite Marie.

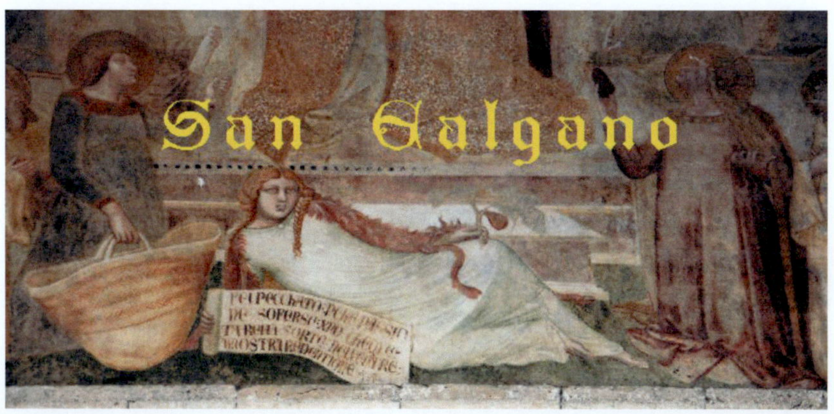

Fig. 13. Détail d'Eve

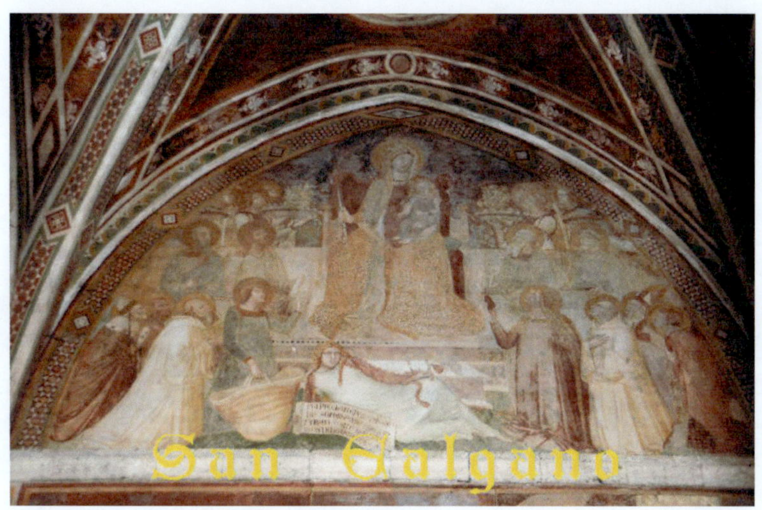

Fig.14

Rappelons ici le repeint de la représentation de Marie (Fig. 15), exigé par les moines Cisterciens puisque la restauration de 1966 nous offre en *sinopia* la première version du peintre: une Marie effrayée, accrochée à une colonne.

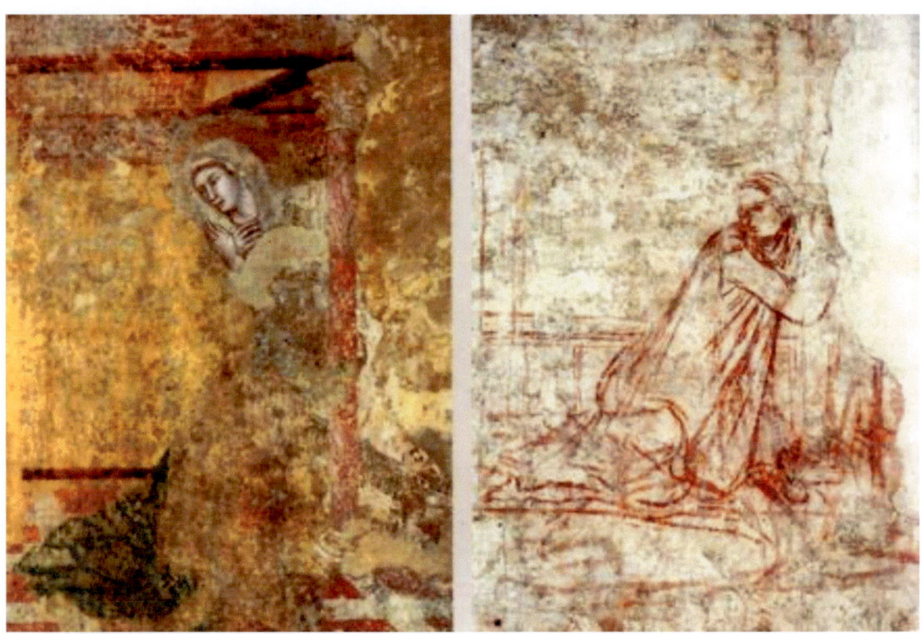

Fig. 15 Le détail de la position de Marie et la *sinopia* découverte lors de la restauration de la fresque en 1966

Comme Daniel Arasse le précise[25] même si l'expression du trouble de Marie n'est pas une nouveauté (Simone Martini l'avait déjà peinte effrayée dans un geste de repli (Fig. 16) en 1333 et -ici - Ambrogio Lorenzetti place Marie à même le sol (Fig.15) ses bras entourant la colonne comme pour se retenir et s'empêcher de tomber.

---

[25]opus cité p.82

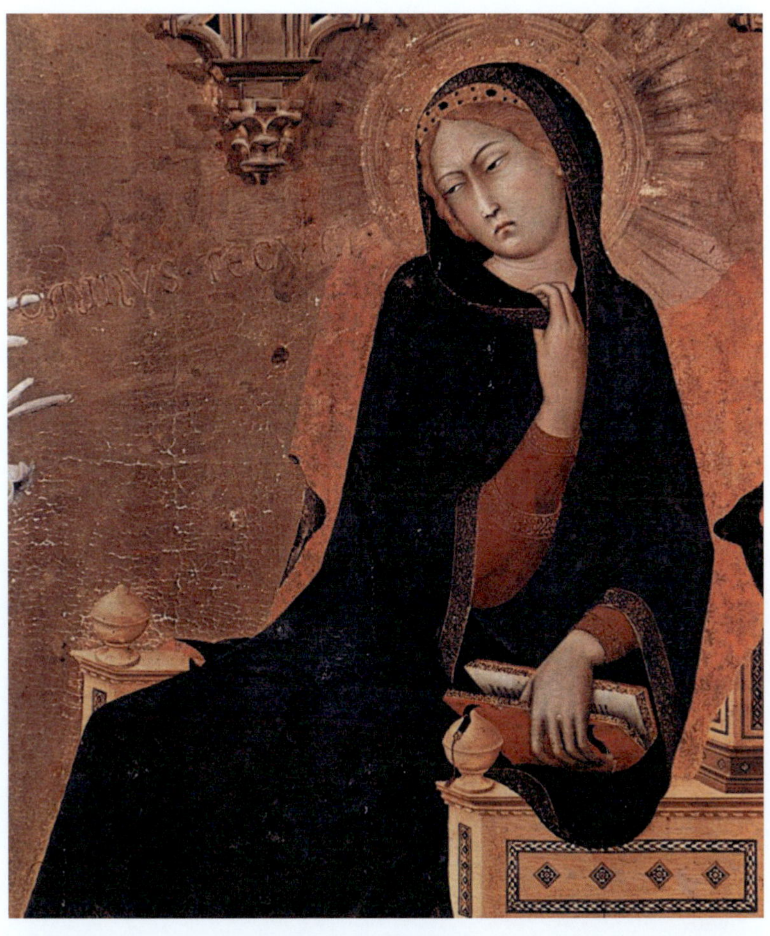

Fig. 16. Simone Martini - Marie effrayée par la venue de l'Ange 1333 Florence Galerie des Offices

Cette audace de représenter la frayeur de Marie à l'annonce de l'Ange nous la rend terriblement humaine. Le spectateur peut ressentir la stupeur de Marie à l'annonce de l'Ange. Comment devenir la mère du Sauveur alors qu'elle ne connaît point d'homme ? Cette représentation peinte de la faiblesse de Marie est thématiquement liée à une autre faiblesse, celle d'Eve qui fut tentée et mangea la pomme de l'arbre défendu, entraînant dans sa chute toute l'humanité pécheresse… et qui fera dire à Saint Augustin: « Bienheureuse faute qui nous valut un tel rédempteur ! ». Faiblesse qui se transforme en triomphe dans *la Maesta* de la Vierge dans la cour céleste. Malgré leur légitimité théologique et dévotionnelle, les inventions de Lorenzetti ne furent pas acceptées par les moines cisterciens qui se fiant à ce qu'avait écrit saint Bernard lui-même que Marie avait été troublée mais non bouleversée exigèrent du peintre de repeindre la figure de Marie dans une pose d'acceptation et de recueillement. (Fig.19).

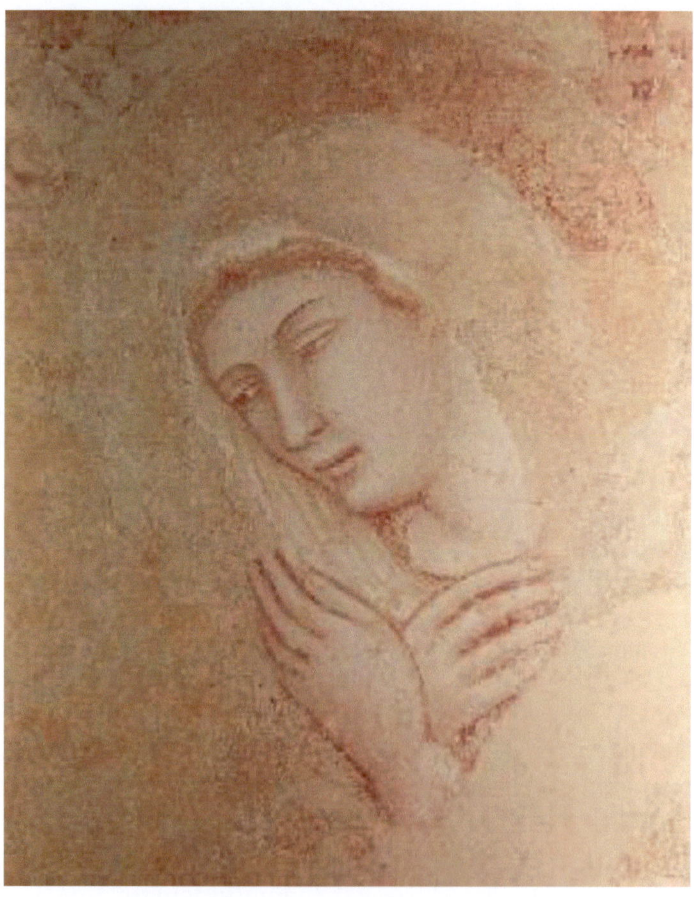

Fig.19 Le détail du visage de Marie

Il est important de noter cette recomposition car si nous suivons Daniel Arasse dans son analyse, la première version de la fresque était plus cohérente avec le rôle attribué précisément à la fenêtre centrale qui architecturalement exprime l'irruption surnaturelle du divin dans l'humain. Cette fenêtre[26] *« disloque le lieu humain de Marie: représentée, parallèlement au plan de l'image, par la figure de l'Ange porteur de la palme, cette irruption est visualisée perpendiculairement au centre de l'image, par l'édicule qui entoure la fenêtre de la chapelle et devient, tel qu'il est « mis en scène », une figure « dissemblable » de l'Infini entrant dans le fini. Lorenzetti a en effet utilisé la percée centrale de l'architecture réelle pour créer un effet de « trompe l'œil » au sens propre du terme – un effet non de fuite vers le fond mais de venue vers l'avant d'un élément de la représentation qui se trouve en relief, en excès par rapport au plan de la représentation [...] il faut percevoir l'édicule central comme un surgissement, comme une projection vers l'avant de ce qui passe à travers la fenêtre réelle de la chapelle. »*

Et Daniel Arasse de continuer son analyse minutieuse de l'espace architectural quant à la signification recherchée par Ambrogio Lorenzetti [27] :

« La lumière passant à travers la fenêtre place la fresque à contre-jour et, quotidiennement, à l'heure de l'Annonciation [28] (soit 18h),

---

[26]Daniel Arasse *L'annonciation italienne, une histoire de perspective* Hazan, 2003, p.82.

[27]opus cité p.83

[28]L'Angelus appelle trois fois par jour les fidèles à la prière. C'est une prière de l'Église catholique d'Occident qui commémore l'Annonciation. La tradition de l'Angelus "sonné" perdure dans certaines régions. Chaque jour, à 6 heures du matin, à midi, et à 18 heures, les cloches du village sonnaient trois fois trois coups, suivis d'une sonnerie en volée. Les cloches appelaient ainsi les chrétiens à une prière toute simple, dont les premiers mots étaient: Angelus Domini ("L'Ange du Seigneur")... Chacun alors, cessait son activité pour se tourner vers l'église ou le calvaire le plus proche et récitait brièvement la prière pour remercier la Vierge d'avoir enfanté le Seigneur.

cette situation fait se réaliser en peinture ce qu'annonce la troisième salutation angélique: « La Vertu du Très Haut te couvrira de ton ombre ». Dans la fresque, l'architecture feinte de l'édicule central fixe la trace, le souvenir et l'attente de ce moment où l'irruption de la lumière divine couvre Marie de son ombre paradoxale. Venant écarteler l'unité close de l'architecture virginale (dont le caractère fermé et inviolable est explicité par la tour blanche crénelée qui est placée exactement au-dessus de Marie et de la colonne), l'édicule central peut presque être considéré comme la cause de la terreur de Marie: il est la figure de l'irreprésentable irruption du divin dans l'humain [...] Ambrogio Lorenzetti a représenté cette irruption d'un « contenant dans le contenu » en figurant l'intrusion d'un corps en excès par rapport au lieu qu'il occupe, situation proprement impensable au sein de la logique aristotélicienne de l'espace et de ses lieux. La structure architecturale de cette Annonciation donne figure à la « survenue » de Dieu dans le corps de Marie, en entendant survenue dans son double sens: arrivée inopinée de qqn ou de qqch et fait pour qqch de se produire. Une survenue qui n'est autre que celle de Dieu en l'homme, celle de l'Incarnation. »

La fenêtre architecturale de la chapelle devient la figure même de la présence irreprésentable de Dieu. Cette composition en 1340 -1344, à Montesiepi d'Ambrogio Lorenzetti sera reprise par d'autres peintres imitateurs « qui n'en comprennent pas le principe au moment même où ils s'en inspirent. »[29]Cette incompréhension s'explique par le fait que la version « retouchée », rendait plus difficilement sensible le sens même de la représentation voulue par Ambrogio Lorenzetti. Pour eux, comme le donne à voir la représentation de Lippo Vani en 1365 -1370 (Fig. 20)

---

[29]Opus cité p.84

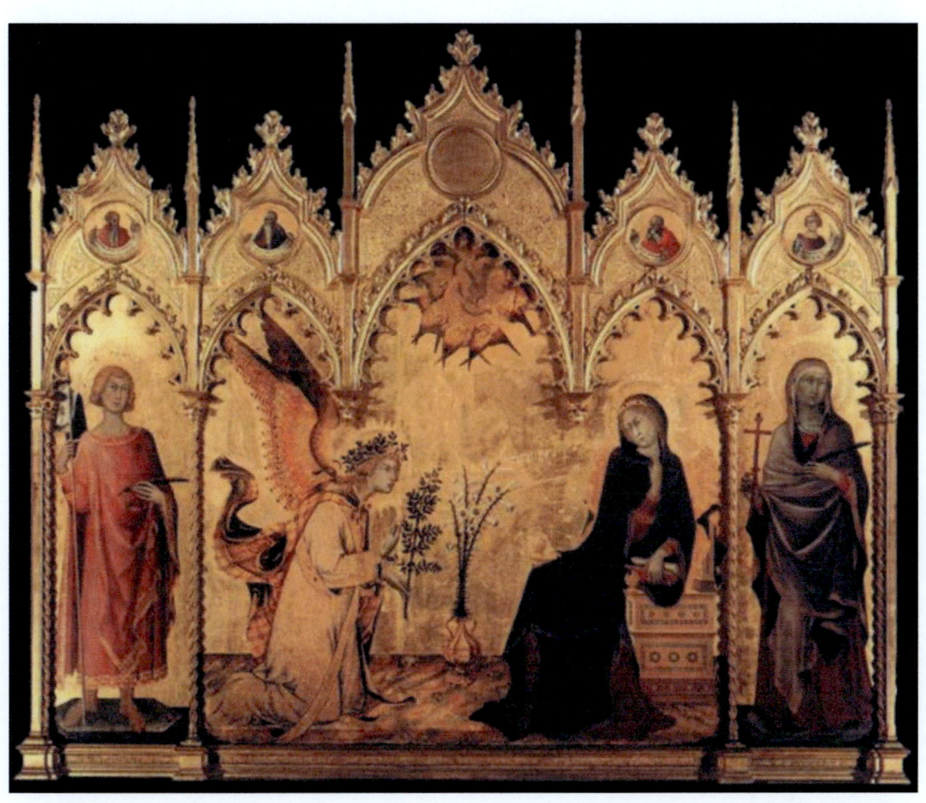

Fig.20 Simone Martini 1333 à Florence Galerie des Offices

« la fenêtre réelle de l'église est intégrée à l'architecture feinte et la maison de Marie est conçue comme subdivisée en deux édicules distincts, articulés l'un à l'autre par une sorte de galerie ou de corridor menant à a fenêtre réelle qui devient, dans la peinture, l'équivalent d'une sorte d'arc de triomphe par lequel pénètre la lumière. Continuant à utiliser l'effet de contre-jour provoqué par l'emplacement de la fresque, les peintres ne font plus cependant de la lumière le seul support de la présence (non figurée) du divin: l'Annonciation devient l'occasion d'une scène où l'intervention divine

est « mise en récit » au moyen de la représentation (figurée) des acteurs divins du mystère. » [30]

La fenêtre sera *illusion de profondeur* chez Lippo Vanni (Fig. 21)

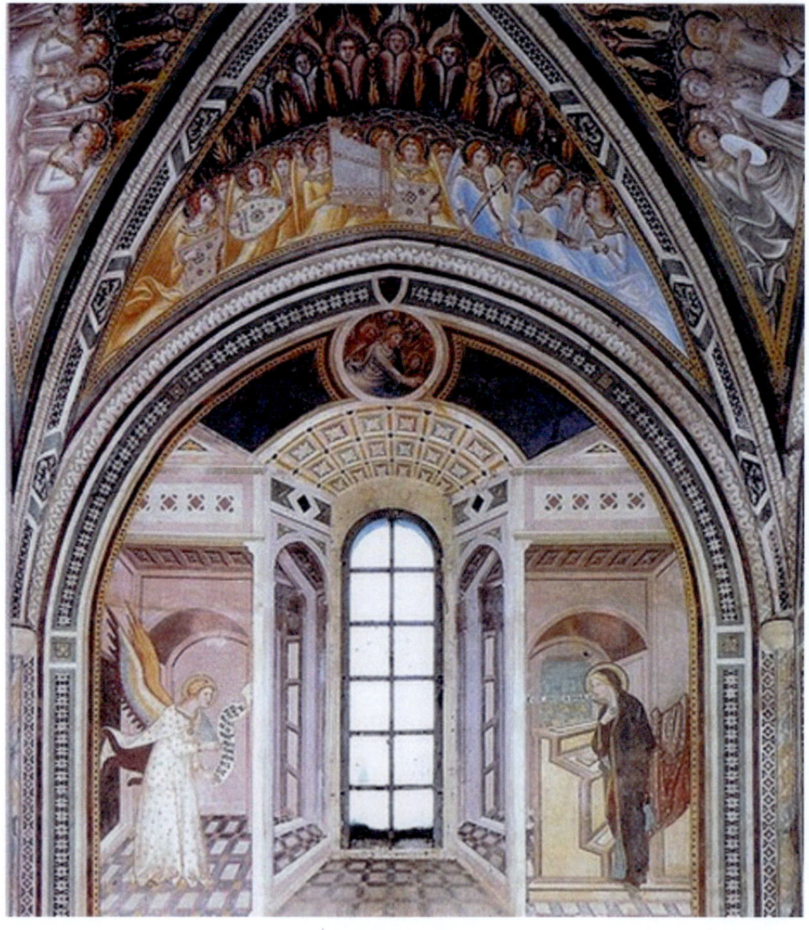

Fig. 21 Lippo Vanni vers 1365-1370 Annonciation fresque à San Leonardo al Lago (Sienne)

---

[30]opus cité p.84

faisant surgir en avant les personnages du plan de la fenêtre, l'épaisseur du mur semblant annulée. Ce nouveau traitement de la fenêtre réelle architecturale devient une normalisation de la mise en scène de la *storia*, une accentuation de la mise en récit de l'Annonciation elle - même, fort éloignée de la composition que nous pourrions juger « révolutionnaire » ou pour le moins « novatrice » et intelligente d'Ambrogio Lorenzetti car il savait se servir des contraintes de l'espace architectural pour rendre sa vision picturale de ce mystère, fondateur de tout le christianisme.

Nous y voyons une intelligence en acte: Ambrogio Lorenzetti témoigne d'une école alors à son apogée, celle du milieu artistique siennois de la première moitié du XIV ème siècle qui fera des émules pour les années à venir.

2.2. Palais des papes / Chapelle Saint Jean / fresque de Matteo Giovannetti -1343-

Si nous regardons le plan d'ensemble (Fig. 22) du Palais des Papes, nous constatons que le palais comporte de nombreuses chapelles. La plus importante, la Grande Chapelle (B) a été construite sous le pontificat de Benoît XII à partir de 1335. En 1338 est construite la tour des chapelles, où les chapelles se trouvent: celle de Saint Martial est à l'étage et celle de Saint Jean est située juste en - dessous donnant dans la grande salle du Consistoire. On y accède par une porte en ogive (Fig. 23)

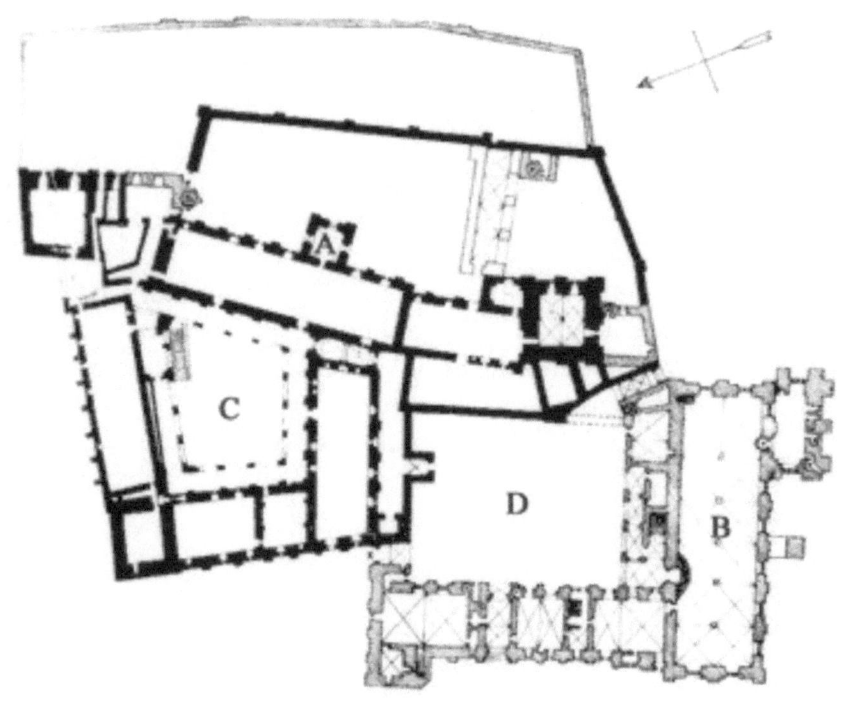

Fig. 22 *Légende*

A - La chapelle Saint Jean
B - La grande audience et la grande chapelle
C - Le cloître de Benoît XII
D - La cour du palais neuf

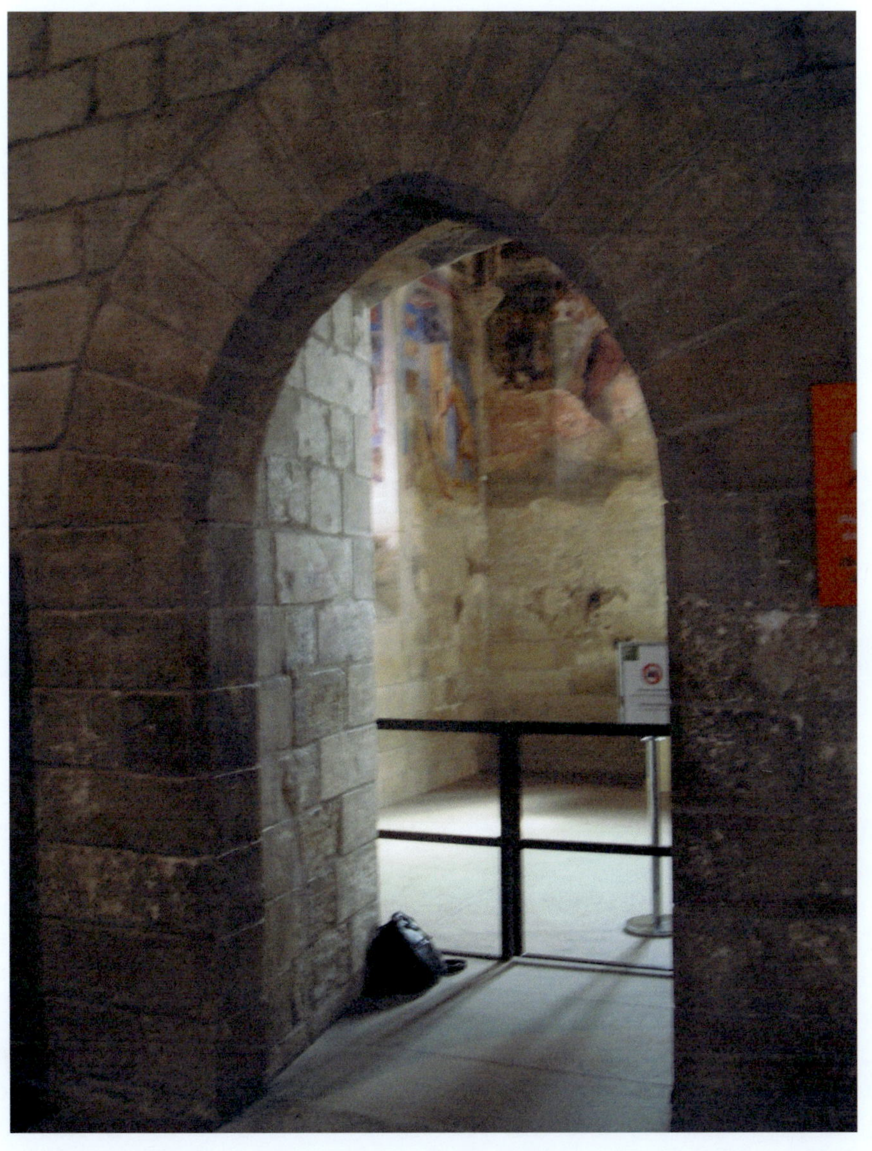

Fig. 23 Porte d'entrée de la Chapelle

La chapelle Saint Jean est petite: elle offre approximativement une surface de 5m par 5m soit 10 m2 et la voûte s'élève à une dizaine de mètres. Chaque mur est flanqué d'une grande fenêtre en forme d'ogive, ce qui donne une grande luminosité à la chapelle (Fig.24).

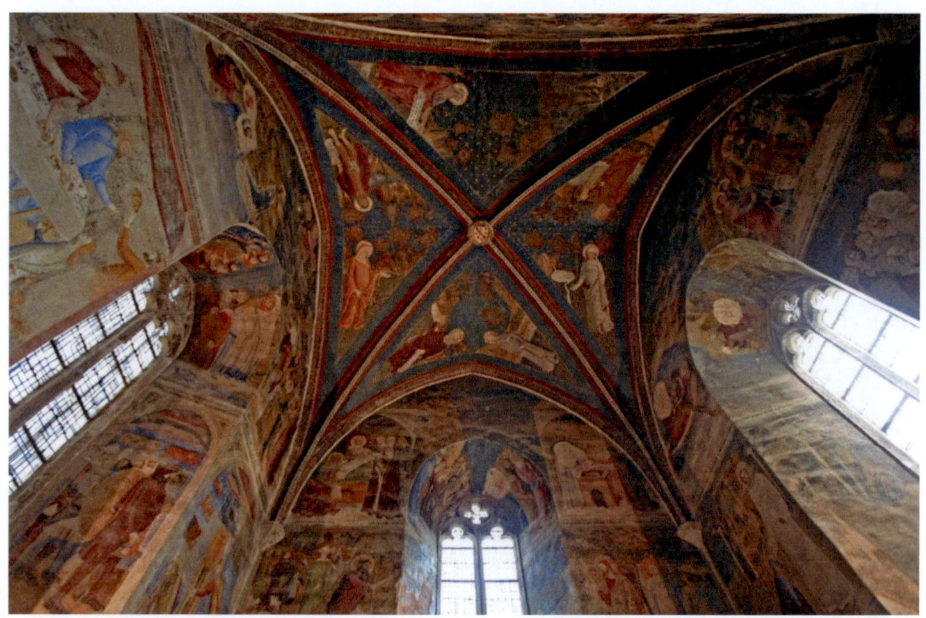

Fig.24. Chapelle St Jean Voûte et les trois fenêtres de la chapelle

« *Ces fenêtres à remplage* sont divisées en deux lancettes trilobées surmontées d'un oculus à cinq lobes. Les écoinçons sont ces ouvertures triangulaires entre les arcs des lancettes et l'oculus, et entre l'oculus et le grand arc brisé qui couvre la fenêtre. Le trumeau qui divise les deux lancettes est surmonté de l'un des trois chapiteaux que l'on trouve au niveau d'imposte.

Les fenêtres au tympan ajouré présentent des feuillures où s'inséraient des verres. La vitrerie fixe se limitait au tiers supérieur de la fenêtre et était supportée par une traverse métallique placée au niveau des impostes. » 31

L'autel pour la célébration de la messe est placé face au mur, le célébrant ayant le dos vers la porte d'entrée (Fig. 25).

---

[31]http: //www.mairiecahors.fr/patrimoine/medievale/glossaire/glossaire-pages/page_baiearemplage.htm

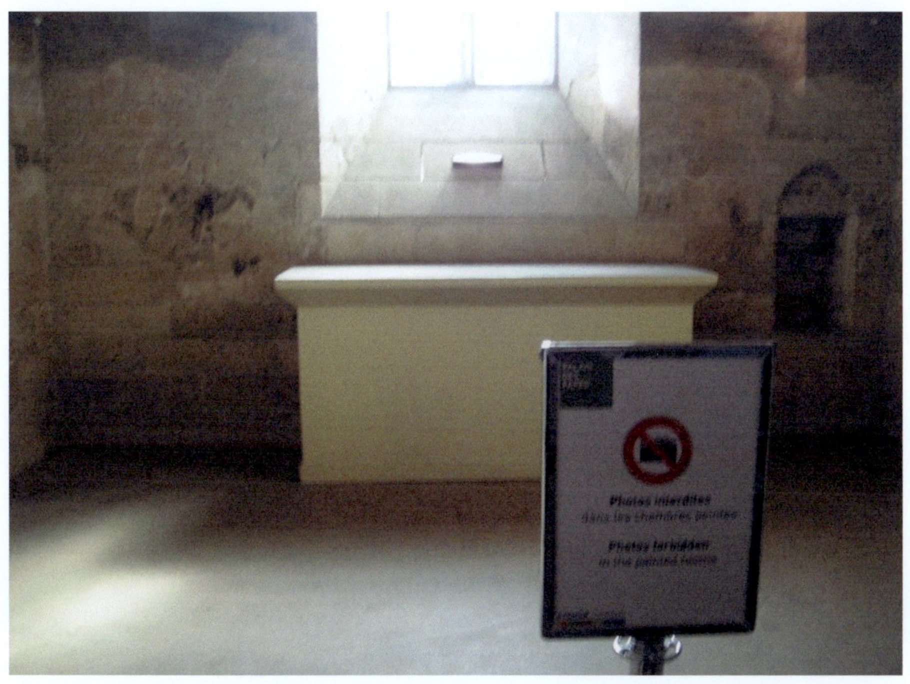

Fig. 25 *L'autel de la chapelle St jean au Palais des papes à Avignon*

Comme nous n'avons pas été autorisés à entrer dans la chapelle, nous n'avons pas pu photographier la voûte, aussi nous servons - nous des photos proposées par le site officiel du Palais des Papes. Et, hélas, il manque celle de la fresque du mur au - dessus de la porte.

Cependant, si nous ne pouvons offrir à voir la totalité de la fresque, nous avons appris grâce au livre d'Enrico Castelnuovo[32] que cette fresque comme celle de la Chapelle Saint Martial a été peinte par Matteo

---

[32]Enrico Castelnuovo *Un peintre italien à la cour d'Avignon*

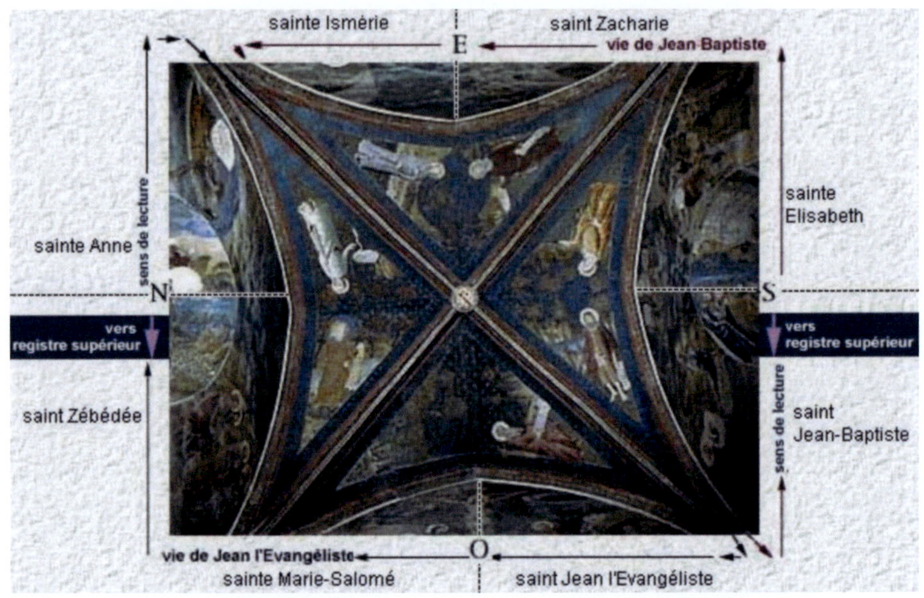

Fig. 26. Les voûtains de la Chapelle St Jean du Palais des papes

Giovannetti et son « équipe » comme les textes d'archives nomment l'atelier/ la *bottega* des peintres travaillant avec ce *pintor magister,* le maître tel que le document du 22 septembre 1343 le nomme pour la première fois dans la liste de ceux qui travaillèrent à l'embellissement du Palais sous la volonté de Clément VI, pape français, esprit large et curieux de tout (il chargea Pétrarque de retrouver des manuscrits de Cicéron)et qui acheta la ville d'Avignon en 1348 à la Reine de Naples, Jeanne d'Anjou pour 80 000 florins.

Matteo Giovannetti devint le surintendant des travaux artistiques pour le palais et aussi comme nous le verrons pour la Chartreuse de Villeneuve -lès -Avignon à la demande du successeur de Clément VI: Innocent VI, exerçant une véritable fonction de maître d'œuvres, un peu à la manière du Primatice à Fontainebleau pour répondre aux demandes de François 1er.

La chapelle Saint Jean est l'oratoire du consistoire. Elle porte ce nom car ses murs et sa voûte sont décorés des fresques relatant la vie de Saint Jean le Baptiste et de Saint Jean l'Evangéliste.

Ce cycle a été réalisé entre 1346 et 1348 et contrairement à la Chapelle Saint Martial où le peintre put innover - la vie du saint étant moins connu - alors qu'ici la vie des deux Jean connaissait une iconographie bien codifiée en particulier par celle de la basilique de Saint-Jean-de-Latran à Rome. Ce qui n'empêcha pas notre *pintor magister* d'innover, cependant comme nous l'étudions.

Le sens de lecture s'effectue de haut en bas: il y a en parallèle deux histoires, celle de saint Jean-Baptiste au sud et à l'est et celle de saint Jean l'évangéliste au nord et à l'ouest.

L'histoire proprement dite ne commence qu'à partir du registre supérieur, les voûtains étant dédiés à la présentation de parents des deux saints (Fig.26) Pour saint Jean-Baptiste: sainte Élisabeth sa mère, saint Zacharie, son père et sainte Ismérie sa grand-mère maternelle. Pour saint Jean l'évangéliste, sainte Marie - Salomé sa mère, saint Zébédée son père et sainte Anne sa grand-mère maternelle. En tout, avec les deux Jean, huit personnages sont présents sur les voûtains.

La décoration des deux murs où se déroulent les scènes de la vie de saint Jean Baptiste « est conçue de manière à transformer complètement tout l'aspect de la surface murale à l'intérieur de la chapelle, depuis le sol jusqu'à la voûte. »[33]

Matteo Giovannetti « a davantage et plus qu'ailleurs cherché à prolonger dans les embrasures des fenêtres, les fresques des murs principaux, en se servant à plusieurs reprises de l'expédient qui consiste à représenter sur l'embrasure elle-même un personnage (la Visitation) ou un groupe de personnages (L'Annonciation à Zacharie) donnant l'impression de pénétrer ou de regarder à l'intérieur de la pièce, où se déroule l'action. Les quatre scènes de la zone supérieure: l'annonciation à Zacharie, la naissance de Jean Baptiste, la visitation, la Circoncision et l'imposition du nom, transforment tout le mur en un édifice fantastique, une sorte de grande loggia à deux registres. Aucune scène ne se passe à l'extérieur, mais elles se déroulent toutes en un lieu fermé, une sorte de « boîte » spacieuse, créée encore une fois en utilisant les deux surfaces perpendiculaires du mur et de l'embrasure. De structure parfaitement analogue, ces « boîtes » sont superposées deux par deux de chaque côté de la fenêtre et l'absence de frises, de bordures pour séparer une zone de l'autre renforce l'illusion qu'on a devant les yeux non pas deux panneaux séparés,

---

[33]*Ibid.*p.124

deux peintures, deux tapisseries suspendues l'une au-dessus de l'autre, mais bien une véritable construction à deux étages. » [34]
Matteo Giovannetti a utilisé les embrasures des fenêtres « dans une volonté délibérée de « créer dans un but d'*illusion* toute une série de complications spatiales, en ouvrant des pièces latérales en faisant s'enfoncer des corridors dans l'épaisseur du mur, en entrouvrant des portes qui semblent donner dans d'autres salles, en élevant des cloisons, des balustrades, des colonnes et des pilastres, des consoles qui s'allongent dans plusieurs directions comme pour prouver et souligner *l'existence d'un espace réel.*

---

[34]*Ibid.,* p.124.

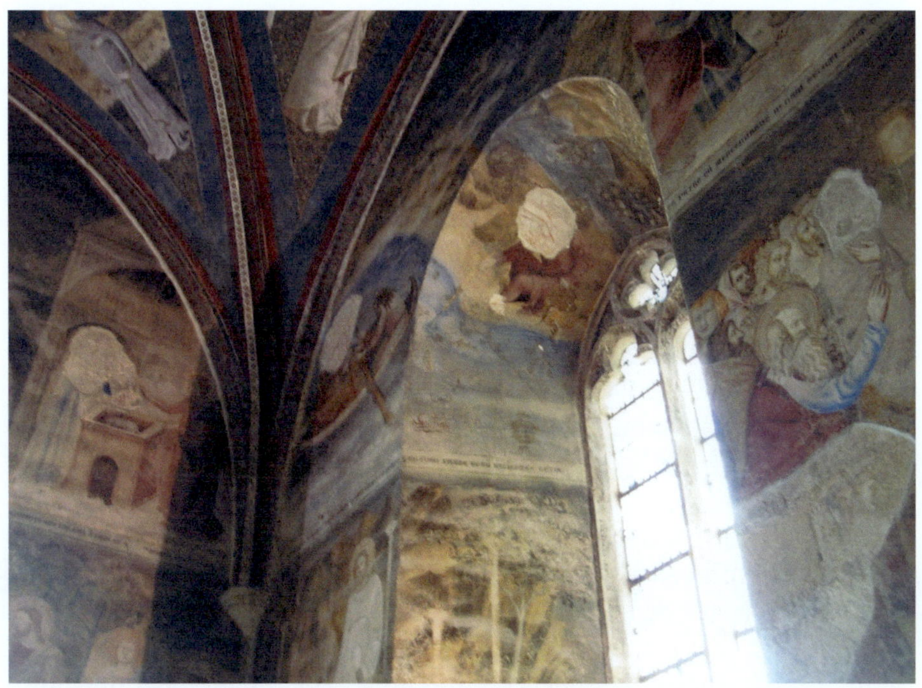

Fig. 26 Barque de Zébédée - Mur de droite en entrant

Le renfoncement de la véritable fenêtre au centre du panneau interrompt évidemment la continuité [...] Matteo cherche par un moyen qui rappelle *L'Annonciation* d'Ambrogio Lorenzetti à San Galgano à unifier par la perspective le mur tout entier en intégrant la fenêtre dans le schéma pseudo - architectonique grâce à la fiction de deux grandes consoles peintes qui en couronnent l'arc ogival. »

« *Il paraît clair que le profond intérêt de Matteo pour la représentation d'un espace tangible, concrétisé dans la trouvaille géniale de l'utilisation de deux surfaces perpendiculaires (celle du mur et celle de l'embrasure de la fenêtre) pour donner l'illusion d'une pièce existant dans l'épaisseur du mur fut stimulé par les expériences menées par Lorenzetti à cette époque. Et c'est aussi de la grande leçon d'Ambrogio que dérivent les tentatives d'approfondissement de la perspective dans la représentation des intérieurs (...) moyennant la convergence vers un seul point de fuite des lignes de profondeur soulignée par le quadrillage des pavements [...] »*[35]

En Avignon, Matteo Giovannetti « ne rencontra pas seulement Simone Martini ou les autres peintres italiens. Il y côtoya des artistes de tous les pays. Il y vit des témoignages majeurs de la civilisation gothique, dans les sculptures, des miniatures, des vitraux etc... Là il trouva surtout une culture, des commanditaires, des mœurs, un milieu totalement différents de tout ce qu'il avait laissé dans son pays, et de nature, à inciter son esprit à imaginer une décoration riche et exubérante qui déploie son univers iconographique sur les murs de la chapelle Saint Martial, telle qu'en Italie « toscane », il n'aurait certainement jamais pu la réaliser. »[36]

Dans la Chapelle Saint Jean du Palais des papes, l'exemple de la scène du festin d'Hérode et le traitement pictural de la décollation de Saint Jean -Baptiste (Fig. 27.a.b.c.) est exemplaire pour comprendre l'innovation de Matteo Giovannetti qui se sert de l'angle architectural offert par l'embrasure de la fenêtre pour peindre la colonne qui indique et creuse l'espace de la pièce où a lieu la décapitation de Jean Baptiste. Ici, se laisse voir ce traitement des surfaces peintes selon une volonté voulue et détaillée qui donne à comprendre cette recherche d'une unité picturale et d'une harmonie de la représentation qui tend à faire système.

Comme Philippe Morel nous l'a appris[37], nous constatons un vocabulaire propre à l'artiste qui est celui de raconter dans *un continuum visuel* l'histoire qu'il donne à contempler pour que son sens en soit manifeste. Une leçon, un modèle à célébrer et à méditer.

---

[35]*Ibid.*

[36]*Ibid* p.105

[37]Daniel Arasse *Décors italiens de la Renaissance,* articles réunis et présentés par Ph. Morel, Paris,Hazan, 2009

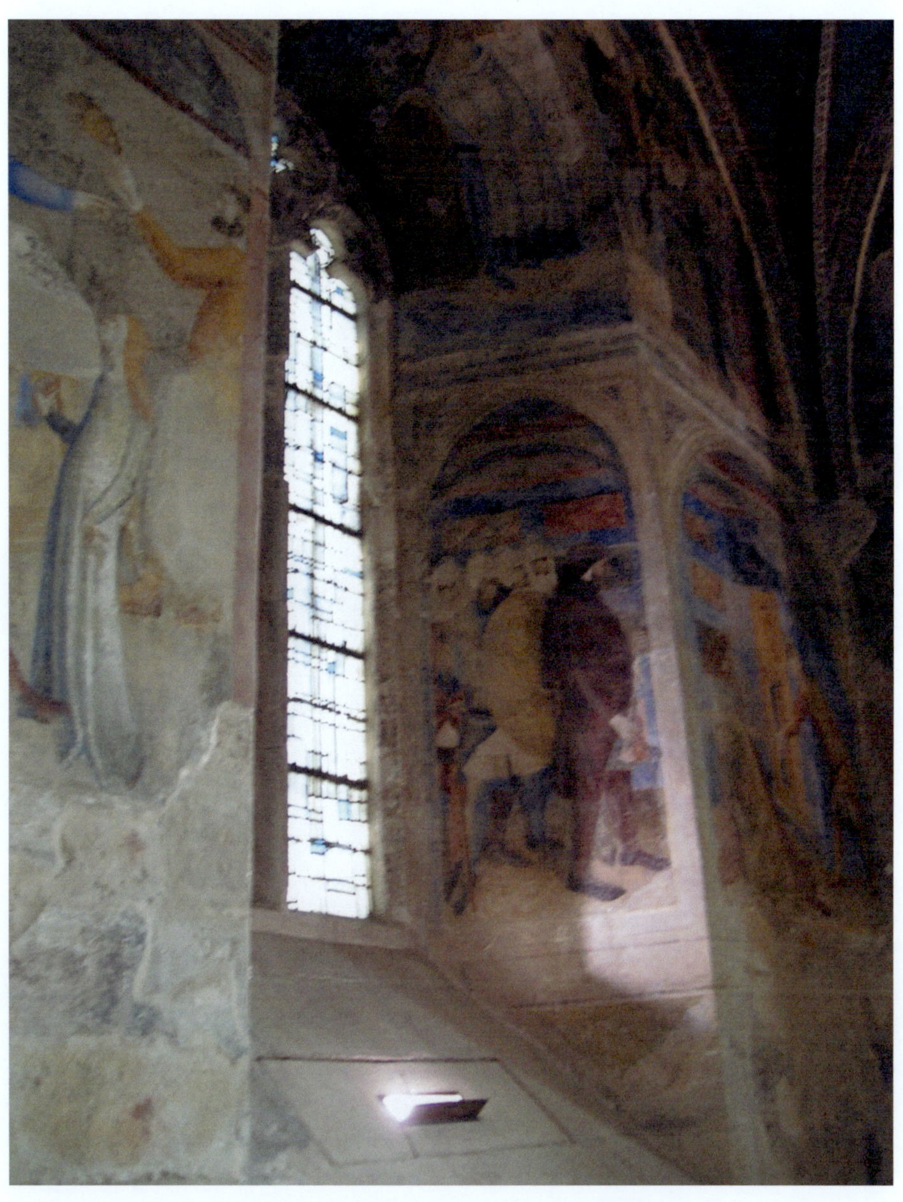

Fig. 27.a. Décollation de St Jean - Baptiste

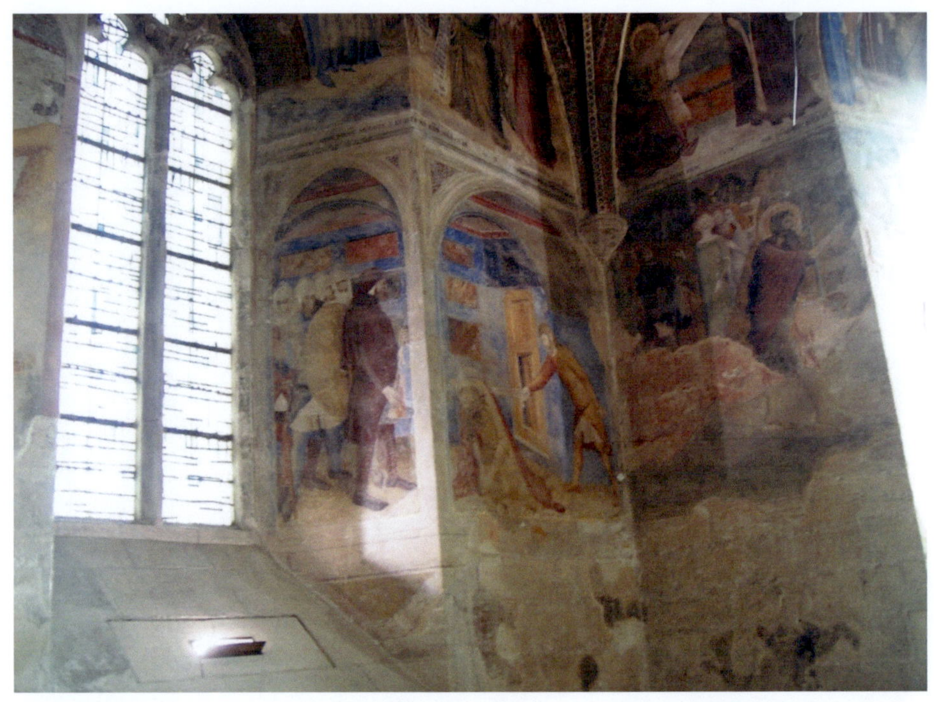

Fig. 27.b.Autre détail de la décollation de St Jean Baptiste Chapelle St Jean –
Palais des Papes

Ainsi comme l'écrit E. Castelnuovo[38] :
*« La décoration du mur est par conséquent organisée pour que les
lignes de fuite des deux lieux représentés donnent l'impression de
converger vers le centre du mur, c'est-à-dire vers la fenêtre qui se
trouve entre les deux scènes. [...] Matteo a peint dans l'embrasure un
deuxième épisode, celui de la décapitation de Jean Baptiste, c'est-à-
dire la remise à Hérodiade de la tête de Jean Baptiste. Pour faire
comprendre que cet événement se situait dans le même cadre et dans
le même moment que le Festin, il a peint un plafond à poutres
identique à celui de la scène du mur et il a placé au premier plan
l'extrémité d'une table - analogue à celle du Festin – à laquelle sont
assis deux personnages.[...] La table de même que le plafond,*

---

[38]*op. cit.*, p.124.

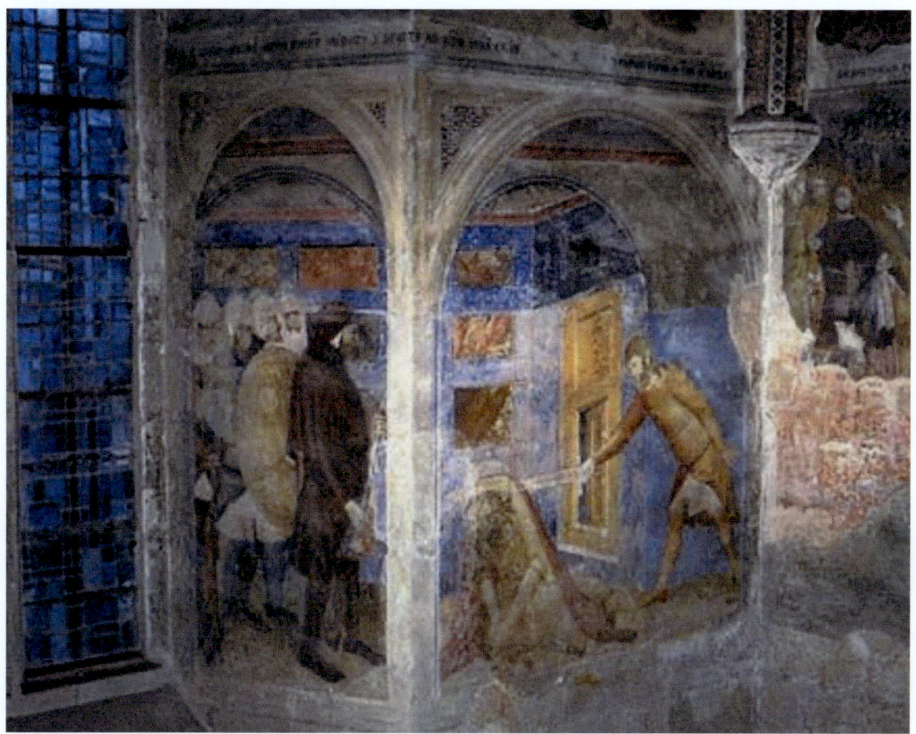

Fig. 27. c..Détail Décapitation de St Jean Baptiste Chapelle St Jean au Palais des
papes

Ce traitement de l'espace architectural incluant les fenêtres, qualifié
de « trouvaille » par Enrico Castelnuovo fut certainement pour ce «
pintor magister» une manière approfondie et aboutie de rendre compte
de la *storia* de ces saints avec clarté afin d'en faire saisir la portée
signifiante et exemplaire. En effet, l'étude de la fresque de St Jean -
Baptiste plus tardive (1358) à la Chartreuse de Villeneuve –lès -
Avignon confirme ce procédé qui sait avec intelligence se servir du
bâti pour exprimer une harmonie signifiante, une unité picturale et
narrative qui force l'admiration.

61

2.2   *La Chapelle St Jean – Baptiste de la Chartreuse de Villeneuve-lès-Avignon / Fresque de Matteo Giovannetti -1358-*

Innocent VI succéda à Clément VI en 1352 et « voulut attacher son nom à une œuvre qui lui fut personnelle. Aussi il fonda sur la rive droite du Rhône la Chartreuse sise à Villeneuve, à côté de sa propre livrée cardinalice. »[39] Sa consécration eut lieu le 19 août 1358. Une petite communauté de frères bénédictins est créée pour occuper l'établissement. Aujourd'hui, la Chartreuse accueille des écrivains en résidence[40]. La chapelle fut dédiée à Saint Jean-Baptiste par la bulle de fondation du 2 Juin 1356. Enrico Castelnuovo précise qu'aujourd'hui les fresques de la Chapelle sont attribuées à Matteo Giovanetti sans doute aucun, grâce à un document d'archive du trésorier apostolique qui concerne la livraison d'une grande quantité de bleu d'outremer à l'« équipe » de Matteo [41], bleu qui domine encore aujourd'hui malgré le mauvais état de conservation des fresques, dû à une très grande humidité [42]. Ainsi que le fait architectonique de la fenêtre murée et peinte qui prouve qu'avant celle-ci était ouverte sur la campagne et qu'elle fut murée lors du rattachement de la chapelle à l'ensemble des bâtiments de la chartreuse (Fig.28).

---

[39]*ibid.* p. 143

[40]Site de la Chartreuse en 2015 http: //www.chartreuse.org/

[41]Une quittance des comptes pontificaux pour l'année 1355 fait état de travaux de peinture "au palais de Villeneuve" réalisés par Matheus pictor. Il s'agit de Matteo da Viterbo, dit Giovannetti, prêtre et peintre.

[42](http: //ceroart.revues.org/2648) Etude de la fresque par Marie Boyer et Lionel Broye, restaurateurs

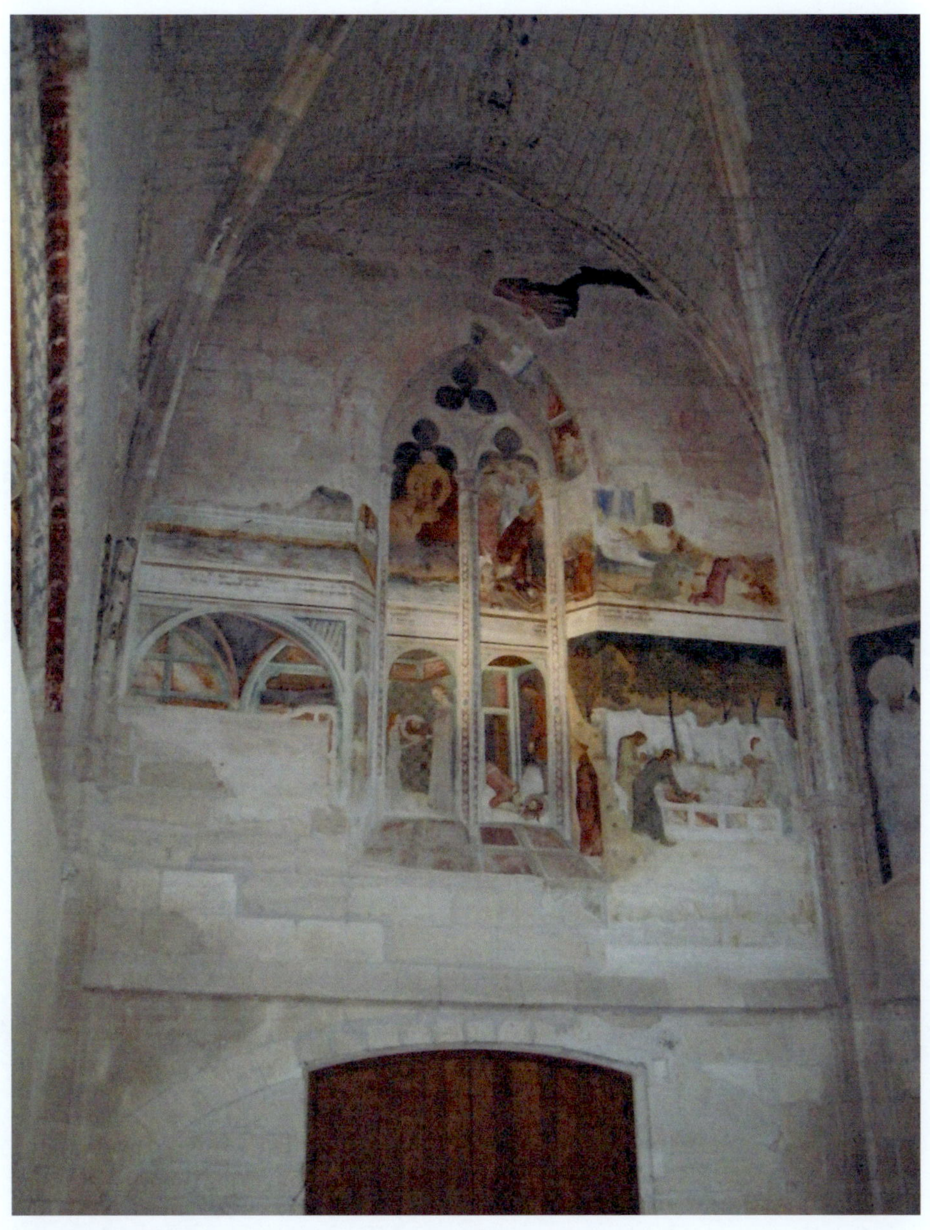

Fig.28. Fresque de St Jean Baptiste - mur de face en entrant dans la Chapelle

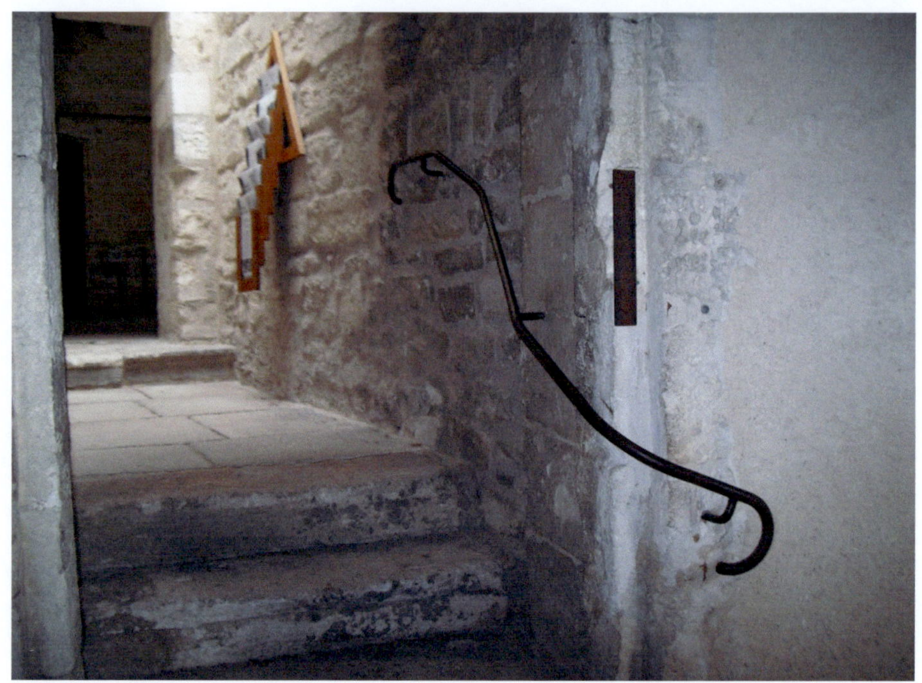

Fig. 29. Escalier menant à la Chapelle St Jean- Baptiste à la Chartreuse

Une fois passé le petit escalier qui monte à la chapelle (Fig.29) ouvert par une porte donnant sur le cloître, les cinq fenêtres éclairent l'ensemble de la chapelle aujourd'hui vide de tout mobilier. Nous avons pu y rester plusieurs heures, seule, en mars 2015 pour notre plus grand bonheur, aucun touriste ne venant la visiter en cette période de l'année.

« La chapelle est segmentée en cinq parois ogivales hautes de 10 mètres et formant une abside polygonale fermant la salle du Tinel, grande salle consistoriale transformée par la suite en réfectoire pour les frères bénédictins. La chapelle communique avec cette salle par un arc en plein cintre décoré dans son intrados par une frise de décors peints. Les différentes séquences du récit forment un décor d'architecture unifiée en trompe-l'œil qui se développe sur les murs de la chapelle et s'ouvre dans les parties hautes et la voûte sur un ciel bleu peuplé d'anges. Sur chaque paroi divisée en quatre niveaux superposés jusqu'à la voûte s'ouvre une fenêtre ogivale centrale autour de laquelle s'étendent les scènes de la vie de saint Jean-

Baptiste. Les parois Ouest et Est conservent la majeure partie des scènes narratives de la vie du saint, peuplées de personnages aux expressions et à la gestuelle vivante et diversifiée. » [43]
Cette description synthétique faite par Marie Boyer, restauratrice, rend compte de l'ensemble des fresques ainsi que les dessins faits par ces deux restaurateurs dans leur étude (Fig. 30.)

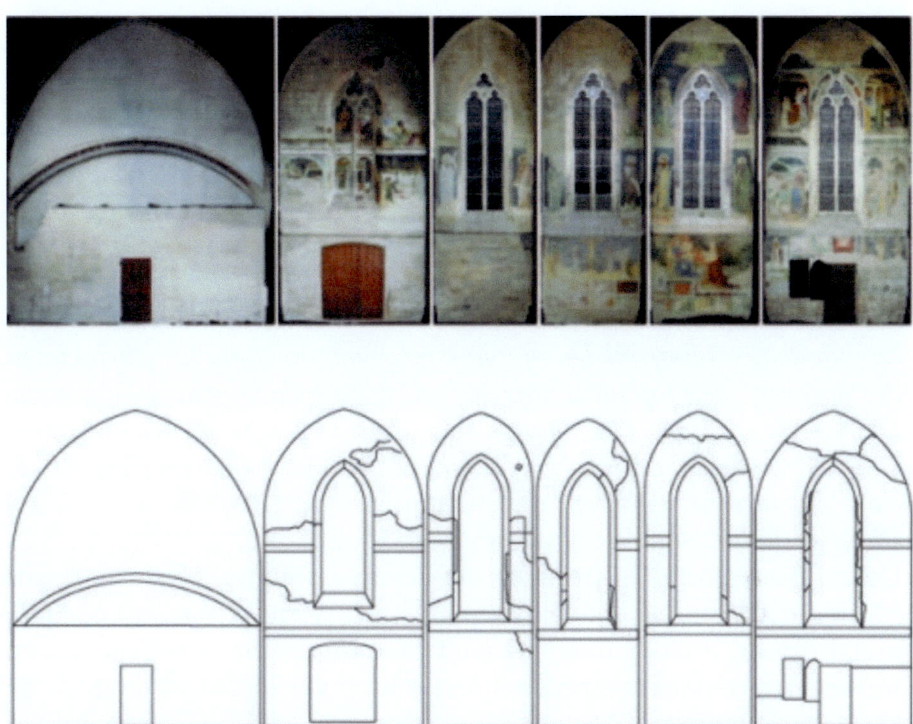

Fig.30 Déroulé panoramique des parois de la Chapelle Saint-Jean-Baptiste

Le mauvais état de conservation des fresques n'empêche pas – heureusement- d'admirer la composition de Matteo Giovannetti qui « est conçue de manière à transformer complètement tout l'aspect de la

---

[43]Extrait de l'étude de Marie Boyer in http: //ceroart.revues.org/2648

surface murale à l'intérieur de la chapelle, depuis le sol jusqu'à la voûte. [44]

« Sur les premiers registres des parois Nord et Nord Est des scènes aux compositions aérées mêlent membres du clergé et personnages saints, tandis qu'aux second et troisième registres des parois Nord Ouest, Nord et Nord Est, les figures plus monumentales et figées des apôtres présentent leurs attributs en tenant des phylactères recouverts d'écriture. Dans un fond bleu étoilé au-dessus de cette architecture remplie de personnages à l'échelle variée, des anges munis d'ailes immenses et dont seuls quelques fragments persistent encore occupent tout l'espace des voûtains dont ils épousent la forme étirée. À distance le décor se caractérise par ses compositions animées et reliées entre elles de façon très fluide grâce au décloisonnement de l'espace. Des personnages passent d'une scène à l'autre par des ouvertures adoptant les reliefs du mur et l'architecture feinte entre ainsi en correspondance avec l'architecture réelle. La présence de l'écriture est récurrente et s'insère dans la trame décorative de l'ensemble dans les bandeaux séparant les niveaux médians ou dans les phylactères des apôtres, sans toutefois imposer une notion de légende plaquée sur les représentations. Une impression d'instantanéité du récit raconté et le caractère fluide de sa lecture intimement liée aux reliefs de l'architecture se dégagent des peintures de la Chapelle Saint Jean-Baptiste malgré leur état fragmentaire. »[45]

Quand on regarde les fresques, on observe comme l'écrit ci-dessus Marie Boyer, que Matteo Giovannetti et son « équipe » tend à occuper tout l'espace architecturé, incluant les embrasures des fenêtres en forme d'ogive pour composer et narrer les divers épisodes de la vie de saint Jean- Baptiste.

Prenons comme exemple de ce cycle, la fenêtre murée qui offre à notre observation les scènes de la vie de saint Jean- Baptiste[46]. On observe

---

[44]Castelnuovo *op. cit.*, p.147.

[45]Etude de Marie Boyer in http: //ceroart.revues.org/2648

[46]L'étude poussée des restaurateurs déjà cités nous permet de détailler ainsi la technique de Matteo Giovannetti et même si cet aspect ne concerne pas directement notre recherche nous la donnons car elle participe d'une meilleure connaissance du travail technique des peintres à cette époque. « La technique d'exécution des décors correspond à une technique mixte et non purement à fresque. Sur le mur appareillé en pierres calcaires très régulières, le peintre a commencé par tracer la *sinopia*. Une

que les embrasures de la fenêtre même s'il y a la décoration cosmatesque d'une frise pour encadrer les panneaux, l'angle de l'embrasure est peint et permet au peintre d'établir un continuum entre le mur et l'embrasure, développant sur la totalité de la surface la composition des scènes. Les peintures y *« prennent place comme des vitraux, dans le cadre architectonique. Dans les compartiments du bas sont peintes deux petites chambres où se déroulent les cruels épisodes de la décollation de Jean baptiste et de la tête de Jean-Baptiste présentée à Hérodiade[...] En bas du mur, à gauche, était représenté le Festin d'Hérode. Il ne subsiste aujourd'hui que les voûtes de la salle du banquet, tandis que sur l'embrasure adjacente, on distingue dans un meilleur état de conservation, un personnage vu de trois quart -le soldat apportant la tête de Jean Baptiste- qui encadré par un grand arc, donne l'impression d'entrer littéralement dans l'épaisseur de la muraille. »*[47] (Fig 31) (Fig.32)

couche fine et très régulière d'*intonaco* a ensuite été appliquée sans la préparation d'*arriccio*, en progressant par *pontate* bien que certains personnages ou éléments de décor aient été réalisés à part sur des portions d'enduit plus réduites. Les lignes de la composition générale ont été incisées et tracées au cordeau, avant l'exécution du dessin au pinceau qui démontre une grande précision dans les drapés et le modelé des personnages. Certains pigments ont été appliqués *sur l'enduit encore frais* tandis que d'autres ont été appliqués dans un second temps sur *enduit sec ou ré-humidifié après prise*. La réalisation du décor par larges registres horizontaux d'enduit, l'absence d'*arriccio* et la différence d'exécution de certaines parties supposent une exécution rapide et un travail à plusieurs mains. La présence d'une technique mixte entraîne la conservation inégale de l'ensemble et de nombreuses parties à sec ont disparu. » in http: //ceroart.revues.org/2648

[47]E. Castelnuovo, *op. cit.*, p.148.

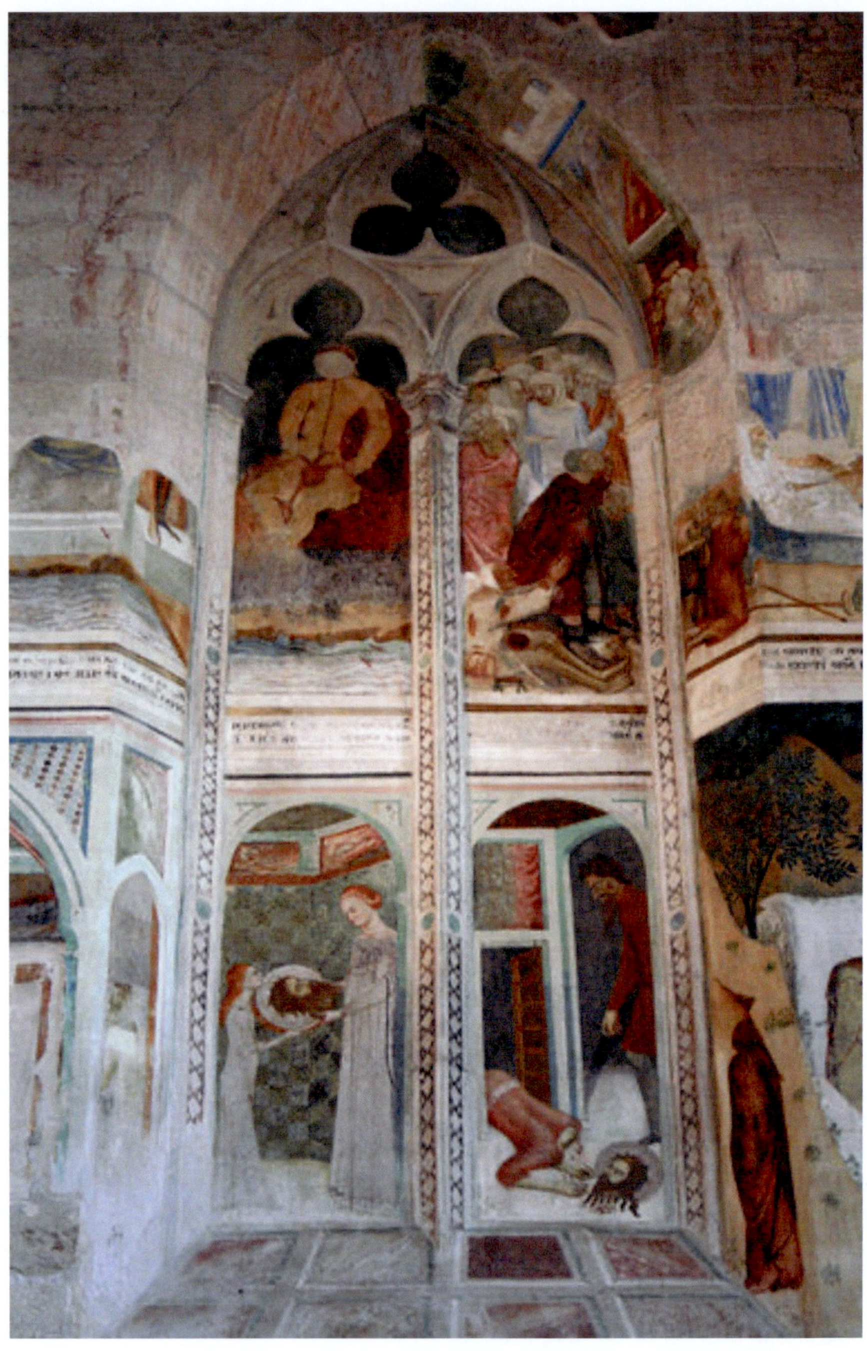

Fig. 31. Détail de la scène avec le soldat et St Jean Baptiste décapité

[...] Ces trois scènes, les deux qui se déroulent dans le registre inférieur de la fenêtre murée et celle qui utilise la partie gauche du mur et l'embrasure contiguë semblent se passer à l'intérieur d'un même édifice dont les différentes salles (celle du festin d'Hérode, la chambre d'Hérodiade et la prison de Jean Baptiste) s'ouvrent toutes les trois sur un seul et même lieu, évoqué par le rebord de la fenêtre, peint comme s'il s'agissait d'un pavement. » [48]Et Enrico Castelnuovo de continuer: « *l'impression que cet appui de fenêtre sert de trait d'union, d'élément unificateur et organisateur entre les différentes scènes, est renforcée par le fait que la traverse de l'armature de la fenêtre, décorée de motifs cosmatesques s'intègre parfaitement comme s'il s'agissait d'un élément peint et non réel - aux deux scènes qu'elle sépare, tandis qu'elle complique l'effet de trompe l'œil en faisant une sorte de saillie par rapport à la fresque, et en reposant solidement sur le rebord aux faux cabochons de marbre. La réalité du pilastre perd du même coup sa consistance ; il est à la fois vrai comme élément architectonique à trois dimensions, et faux puisque, se fondant parfaitement dans la composition bidimensionnelle, il semble peint et représente un élément de passage entre le plan réel de l'appui de la fenêtre et le plan idéal de la surface peinte de la fenêtre.*

---

[48]*Ibid.*p.148

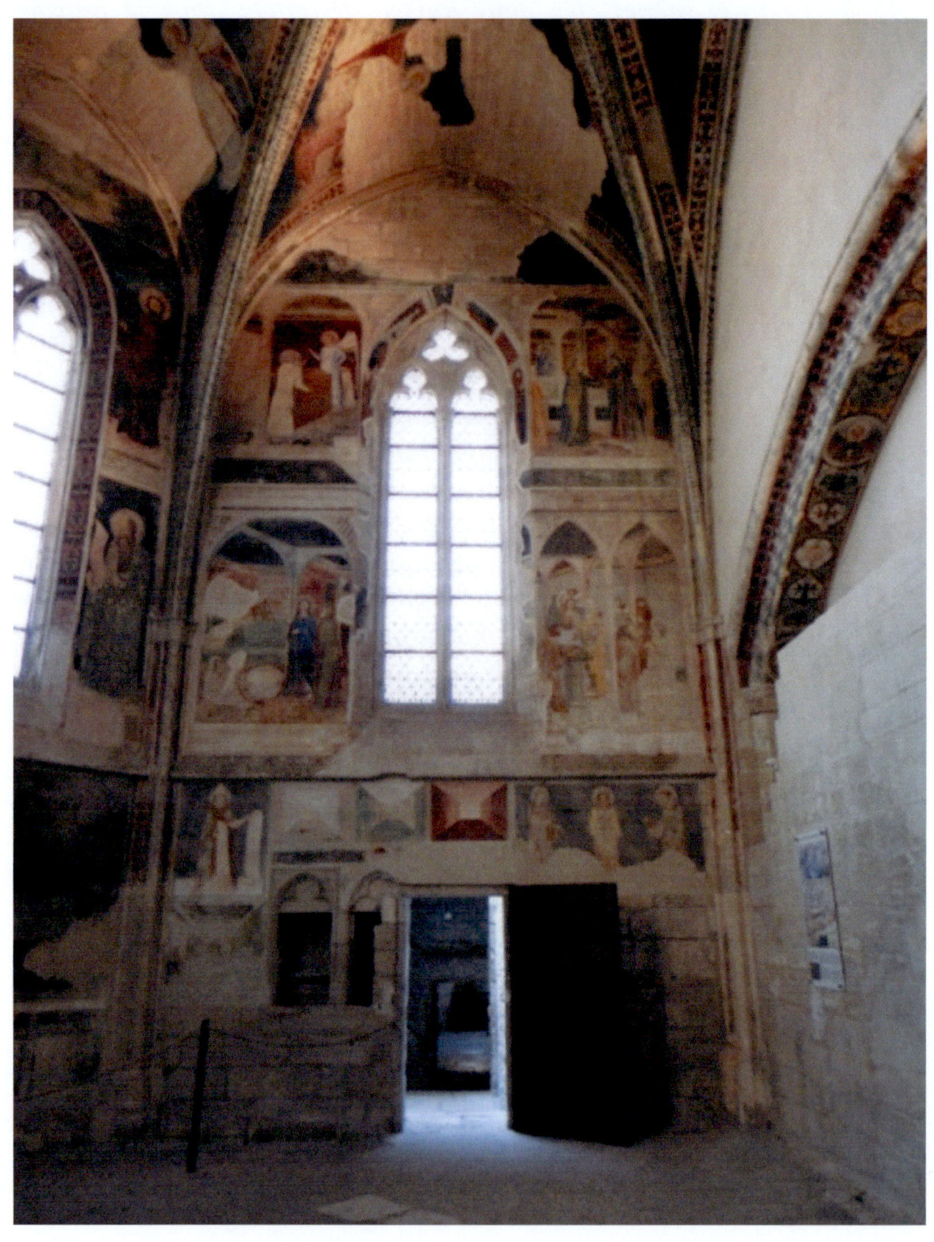

Fig.32. Paroi Est de la chapelle St Jean Baptiste

Réalité et illusion s'interpénètrent ainsi dans un jeu d'illusion plein de subtilité. » Que dire de mieux que cette analyse juste et bien détaillée de cet historien d'art italien qui, avant nous, a su observer ce « jeu de la fenêtre » dans la composition de la fresque, jeu qui, ici, favorise un continuum, entre plusieurs pièces peintes où la narration trouve son sens, fluidité des espaces, creusement de l'espace dans la prison de Jean Baptiste avec cette porte qui s'ouvre dans le fond. Réalité du bâti et illusion de la peinture voulues par Matteo Giovannetti.

Point n'est besoin de détailler d'autres scènes, avec ces deux exemples: l'un pris à la fresque de la chapelle St Jean au Palais des Papes et l'autre, ce dernier, pris à la chapelle de la Chartreuse, Matteo Giovannetti apparaît bien comme le continuateur de Lorenzetti comme nous l'avons déjà écrit plus haut mais surtout comme un formidable novateur sachant travailler l'espace architectural dont celui offert par la fenêtre pour composer un vocabulaire apte à narrer la *storia* proposé du saint avec astuce et intelligence de la composition, à seule fin de signifier clairement le message proposé par l'iconographie qui, à Avignon, était redoublé par les textes peints au-dessus des images selon une théologie papale qui sacralisait le texte - d'où leur présence abondante dans cette Chapelle. Fermons la porte de ce lieu, en citant une dernière fois Enrico Castelnuovo qui synthétise le style de Matteo Giovanneti en écrivant p. 150 :

« Pour Matteo, il n'y eut jamais contradiction entre l'éloquence harmonieuse des rythmes gothiques pleins de fluidité et la préoccupation concrète, aiguë, pour la représentation de l'espace. »

Cette habileté à jouer des volumes donnés par le bâti pour composer la fresque afin de la rendre aux yeux du spectateur plus fluide et lisible, comme si le peintre avait décidé de s'approprier toute la surface, en faisant fi des « vides » ménagés par les fenêtres et en se servant utilement de leurs embrasures, contribue à nous laisser penser que ce « jeu » avec la fenêtre constitue bien un marqueur de nouveauté à la fin du Trecento et que cette « trouvaille » comme la nomme Enrico Castelnuovo perdure au Quattrocento.

2.3.1. A Rome, basilique San Clemente / fresque de la vie de Sainte Catherine de Masolino da Panicale -1430-

La basilique San Clemente du Latran, à Rome, construite au XIIème siècle offre un trésor architectural complexe, des mosaïques magnifiques et témoigne d'une histoire de l'Eglise romaine. La thèse de John Barclay Lloyd [49] étudie toute l'histoire du bâtiment et annexes. Nous donnons le plan (Fig.33)

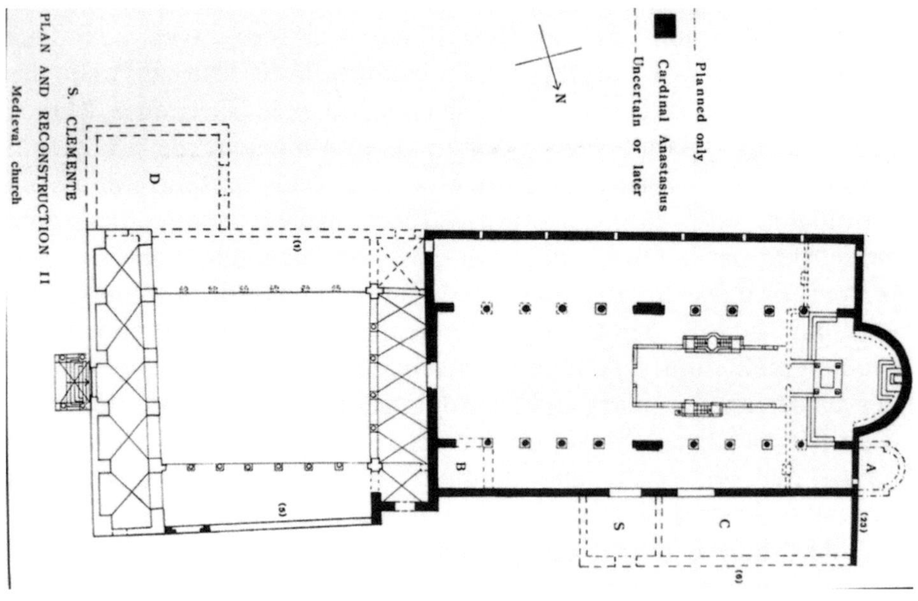

Fig.33 Plan de la basilique San Clemente, la chapelle de la fresque de Ste Catherine
Joan E. Barclay Lloyd, "The building history of the medieval church of S. Clemente in Rome" *The Journal of the Society of Architectural Historians* 45.3 (September 1986), pp. 197-223.

de la basilique proposé par cet auteur pour remarquer qu'à cette époque, aucune fenêtre n'est signalée sur le plan au lieu dit de la

------

[49]John Barclay Lloyd *The Medieval Church and canony* of San Clemente in Rome Rome San Clemente 1989
50.Eileen Kane, *San Clemente The saint Catherine chapel,* Rome, Collegio San Clemente, 2000.

chapelle ainsi que le deuxième plan donné. Et nous apprenons à la note de bas de page du livre d'Eileen Kane [50]qu'aucune fenêtre n'était vue depuis la rue Saint Jean, longeant la basilique.

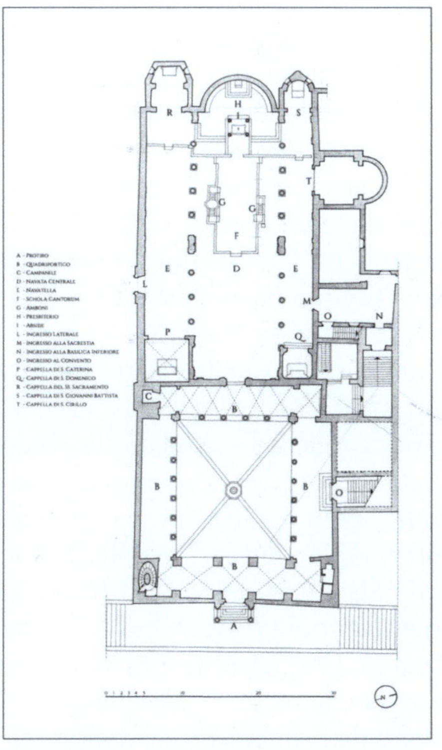

Fig. 34 Plan de la deuxième basilique. P = chapelle St Catherine

---

[50] Note de bas de page de la p. du livre de E. Kane cité ci – dessus, note 69 Joannis Ciampini Romani, vetera Monimenta, in quibus praecipue musiva opera sacrarum profanarumque aedium structura…illustrantur, Rome 1690 and 1699 Tab.IX entitled « Porticus Basilicae S. Cementis, illustrates the outer wall of the basilica, along the Via San Giovanni. *No windows are shown anywhere in the entire lengh of the wall.*

73

En effet, aujourd'hui, nous savons que la fenêtre telle que nous la voyons sur le mur longeant la rue Saint-Jean a été agrandie au début du XVIIIème siècle [51] au risque d'endommager la fresque de la vie de Saint Ambroise qui auparavant d'après les textes[52]n'était pas visible car la chapelle était trop sombre pour être bien vue. D'après cet auteur, cela expliquerait que la chapelle porte

- dans les commentaires sur la basilique - le nom de Sainte Catherine, vierge et martyre ou parfois de la chapelle de la Passion du Christ, cette scène du Golgotha occupe tout le panneau central, qui fait face à l'entrée de la Chapelle (la Fig. 34), mais non celui de Saint Ambroise. Ce qui importe pour notre propos est que le bâti de la chapelle, ici, la fenêtre architecturée ne joue pas pour Masolino, le même jeu (support/surface) que dans les autres sites déjà étudiés.

Alors pourquoi garder cette fresque pour notre corpus et notre étude ? Parce que la composition de la fresque - en cinq scènes de la vie de Sainte Catherine - offre un exemple d'une architecture peinte remarquable pour le début du Quattrocento où figure une fenêtre, au rôle symbolique innovant.

Resituons l'ensemble de la fresque dans la Chapelle qui selon les historiens aurait été peinte à la demande du Cardinal Branda Castiglione [53], ami des peintres Masolino da Panicale et de Massacio qui, ensemble, avaient déjà peint la Chapelle Brancacci à Florence en 1424. Les historiens discutent de la répartition des tâches entre les deux peintres donnant pourtant à Masolino la majeure part. Discussion également sur les dates: 1431 semble être la date reconnue comme la fin de l'exécution de la Chapelle. [54] Notons que « le cardinal Branda Castiglione, originaire de Lombardie et titulaire de l'église de 1426 à 1431; son blason figure au sommet de l'arc extérieur. Après avoir ouvert dans son palais un collège de théologie pour les étudiants pauvres, le cardinal souhaita créer une chapelle à leur intention, d'où, peut-être, son choix d'illustrer (et de donner en exemple) sur les murs latéraux de la chapelle la vie de ces deux saints « cultivés » par excellence que sont Catherine d'Alexandrie, patronne de la Sorbonne

---

51 opus cité p.53
52 opus cité p. 23

[53]Vasari en 1550 attribue les fresques à Masolino
[54]E. Kane, *op. cit.*, p.49 et 20.

à Paris, et Ambroise, dont l'image en tant que docteur de l'Église est reprise sur la voûte ; l'origine lombarde du cardinal a certainement été déterminante dans la préférence accordée au saint patron de Milan.»[55]

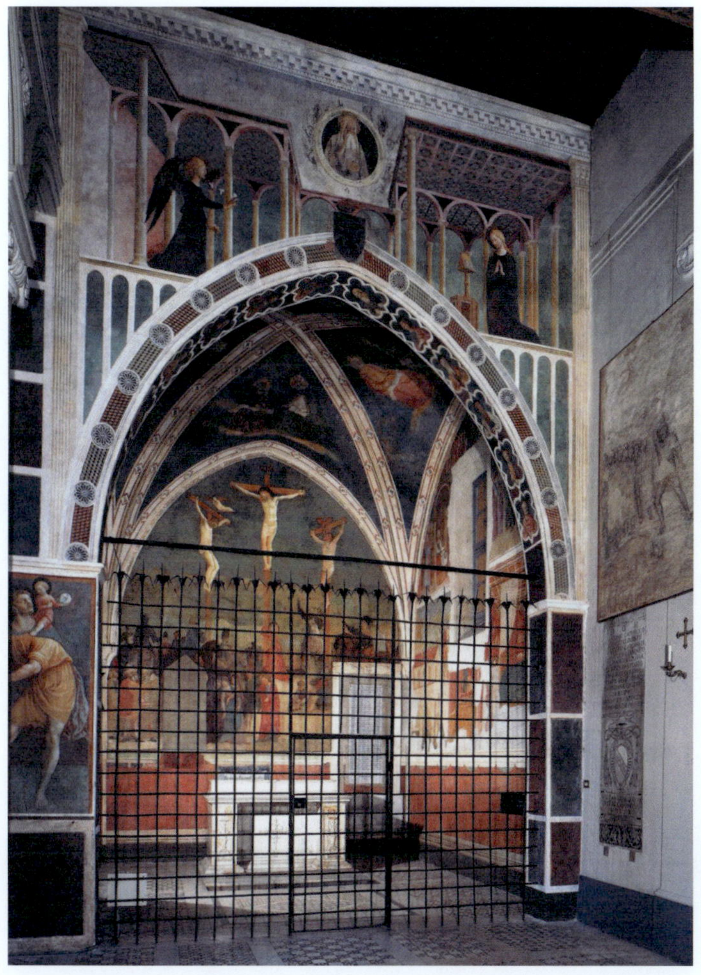

Fig. 35 Vue générale de la Chapelle de San Clemente

[55] http: //www.aparences.net/art-et-mecenat/rome-mecenat-et-pouvoir-papal/rome-le-retour-de-la-papaute/

Quoi qu'il en soit, observons la fresque de Sainte Catherine peinte par Masolino da Panicale.
Si nous la regardons attentivement, ce qui frappe, c'est la clarté de la narration des cinq scènes toutes regroupées sur un même pan de mur sous l'arc de la voûte en ogive. Au registre médian: le refus de la sainte d'adorer des idoles, la conversion et le martyre de l'impératrice Faustine ; au registre inférieur: la dispute avec les philosophes païens, le miracle de la roue, la décapitation de Catherine.

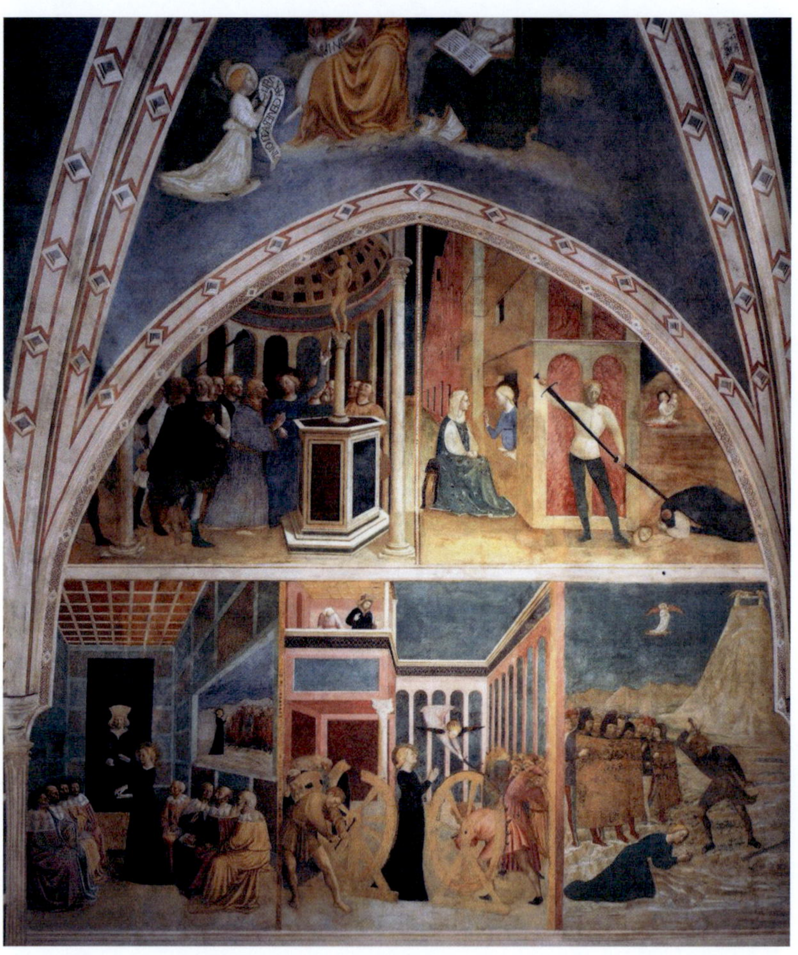

Fig.36 Scènes de la vie de Ste Catherine. Mur de gauche de la Chapelle à San Clemente

La manière dont Masolino traite les transitions entre les scènes en se servant de l'architecture peinte pour représenter les lieux différents prouve qu'il avait une conception aristotélicienne des « lieux ». Un lieu + une scène + un personnage suffisent à faire comprendre *la storia.* Jacques de Voragine[56], dans la Légende dorée, raconte la vie de Sainte Catherine d'Alexandrie, fêtée le 25 novembre et c'est cette source qui a servi à Masolino pour représenter la vie de la sainte.

Notons comment scène après scène, Masolino creuse l'espace du mur pour « mettre en scène » les épisodes majeurs de la vie de la sainte: le socle de la statue de l'idole (idoles combattues par Catherine) et la rotonde de la salle (qui rappelle un temple romain), la fenêtre et les murs de ces maisons dont la prison où a été placée Catherine sur ordre de l'Empereur et par la fenêtre de laquelle elle convertit l'impératrice, la perspective géométrique de la grande salle au plafond à caissons sur le mur de laquelle Masolino peint une autre scène d'un prêche de la sainte face aux martyrs dans les flammes (mais en extérieur) la peignant en noir pour la distinguer nettement comme s'il voulait économiquement donner à voir plusieurs scènes en une ou encore la scène de la roue aux colonnades en perspective qui creusent incroyablement le décor, pour enfin à la droite du panneau, représenter la décapitation de la sainte en pleine campagne où le sol labouré et le mont Sinaï au fond surmonté d'anges dessinés plus petits selon les lois de la perspective, ensevelissent la dépouille de Catherine emportant son âme au paradis.

Ces scènes - peintes avec finesse et grâce - attestent de la connaissance des lois de la perspective telles que Brunelleschi les avaient fixées. Masolino da Panicale prouve dans cette fresque sa grande capacité à donner l'illusion de l'espace. Et c'est dans un tel décor que la fenêtre de la scène de la conversion de l'impératrice tient sa place. Nous sommes dans la fiction. Le bâti de cette maison / prison peinte en perspective anime l'espace, lui donne un sens non seulement architectural mais symbolique.

---

[56]http://fr.wikisource.org/wiki/La_L%C3%A9gende_dor%C3%A9e/Sainte_Cather ine date du 25 Novembre= fête de Ste Catherine d'Alexandrie - récit de sa vie au chapitre 169.

Comme l'écrivait Enrico Castelnuovo à propos de Matteo Giovannetti à la Chapelle Saint Jean ou à la Chartreuse de Villeneuve les Avignons: - quelle trouvaille ! Elle permet de matérialiser d'une manière visuelle et éloquente le passage spirituel que vit l'impératrice: du monde de l'incroyance où elle est - dans la rue - écoutant Catherine à la fenêtre de sa prison. Comme le ferait des voisines de village, elles « causent », elles bavardent, mais -ici - cette causerie loin d'être banale ou anodine, possède l'éloquence animée de l'Esprit de Dieu de la Sainte, possédant cet incroyable pouvoir de conversion. Ce qui touche – ici -: c'est cette simplicité et cette pertinence du peintre a rendre *visuel un événement spirituel.* La fenêtre symbolise le lieu du passage d'un état à un autre, de transition entre un monde de foi: celui de sainte Catherine qui depuis sa fenêtre pénètre dans le monde païen de l'Impératrice qui est convertie par sa parole. Le traitement symbolique de l'utilisation de la fenêtre peinte comme lieu de transition, lieu de transformation, - ici - spirituelle entraînant le martyr de l'impératrice est nouveau. La fluidité des couleurs et la précision du trait contribuent à donner à la fresque une élégance et une finesse rappelant le style courtois pour ici didactiquement convaincre du message chrétien via les images signifiantes de Masolino da Panicale.

Masolino ici par son traitement de la surface à peindre semble rationaliser l'espace, unifiant la composition en n'isolant pas chaque lieu par des bordures peintes mais au contraire par le jeu des couleurs données en particulier à Ste Catherine: bleu pour le registre supérieur et noir et vert foncé pour l'inférieur, un rythme à l'ensemble qui synthétise le message en le rendant clair et explicite par une économie de moyens: lieu d'intérieur /clos à gauche/ lieux d'extérieur /ouverts sur le ciel à droite, un jeu d'équilibre et de symétrie qui joue aussi de bas en haut en une répétition des formes: martyr / décapitation de l'impératrice convertie en haut et martyr /décapitation de sainte Catherine en bas. Deux scènes dans le registre supérieur et trois dans le registre inférieur avec pour seule transition: le mur fin et coloré des architectures peintes.

Ici donc, pas de jeu avec une fenêtre architecturale donnée *in situ* mais bien fictionnelle, peinte qui symbolise la force de la parole argumentée divine de Sainte Catherine. Fenêtre symbolique, à la fois bien réelle picturalement et profondément nécessaire au peintre pour représenter l'intercession du divin dans la vie des hommes.

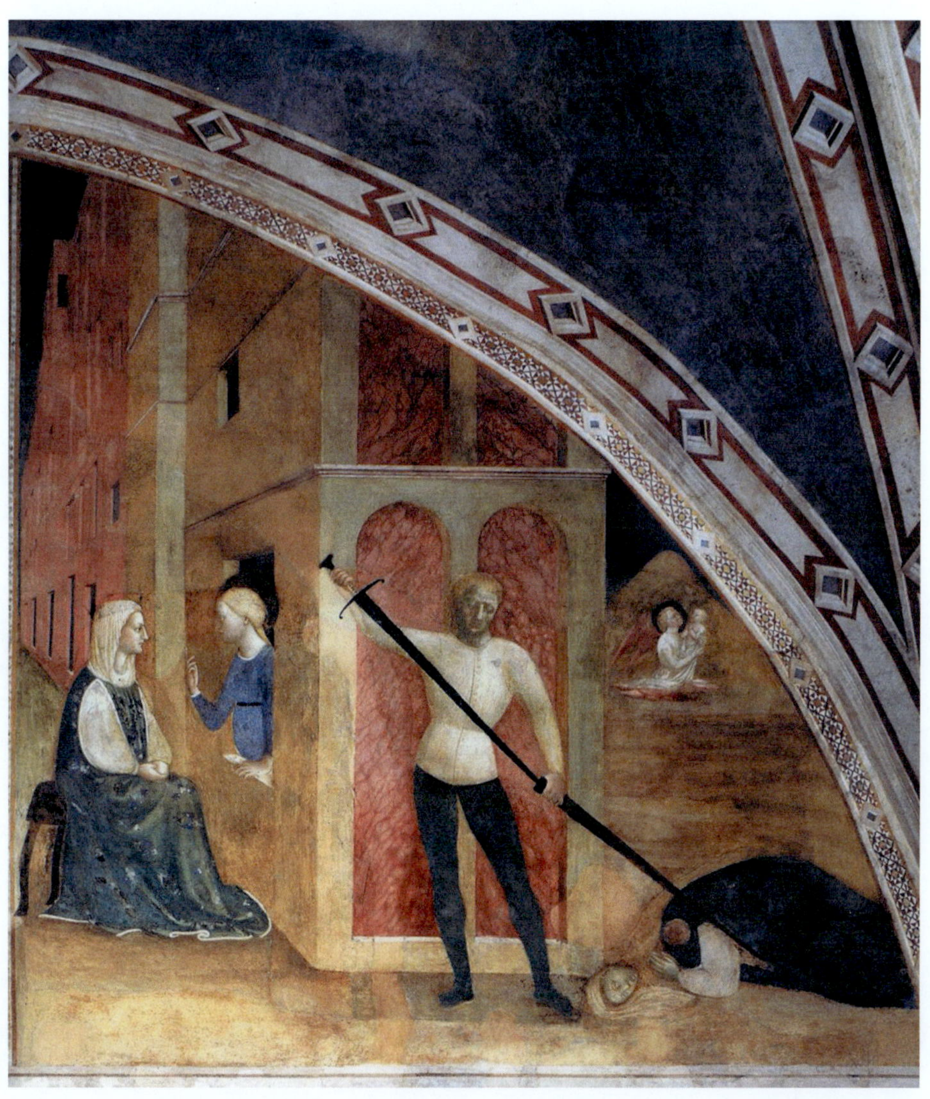

Fig 37.Conversion de l'impératrice par Ste Catherine par la fenêtre.

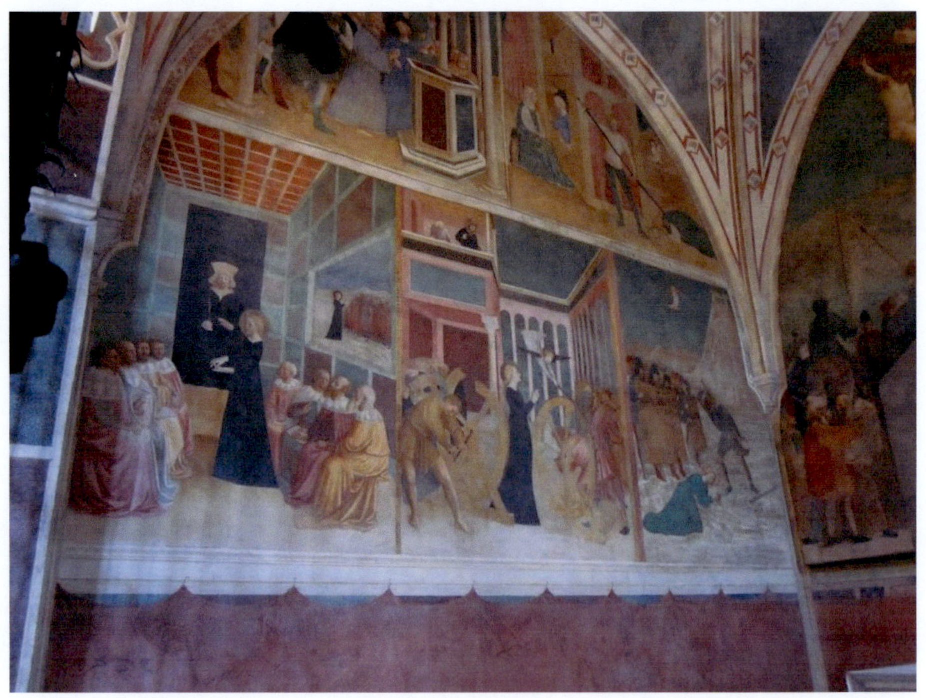

Fig 38. Vue qui montre toute la fresque jusqu'à l'angle du mur et le sous -
bassement avec les tentures d'un rideau en trompe l'œil

Voyons à présent comment Masolino da Panicale compose la fresque
de la vie de Jean-Baptiste pour décorer le baptistère de Castiglione
Olona, quelques années plus tard, à la demande du même
commanditaire le cardinal Branda Castiglione.

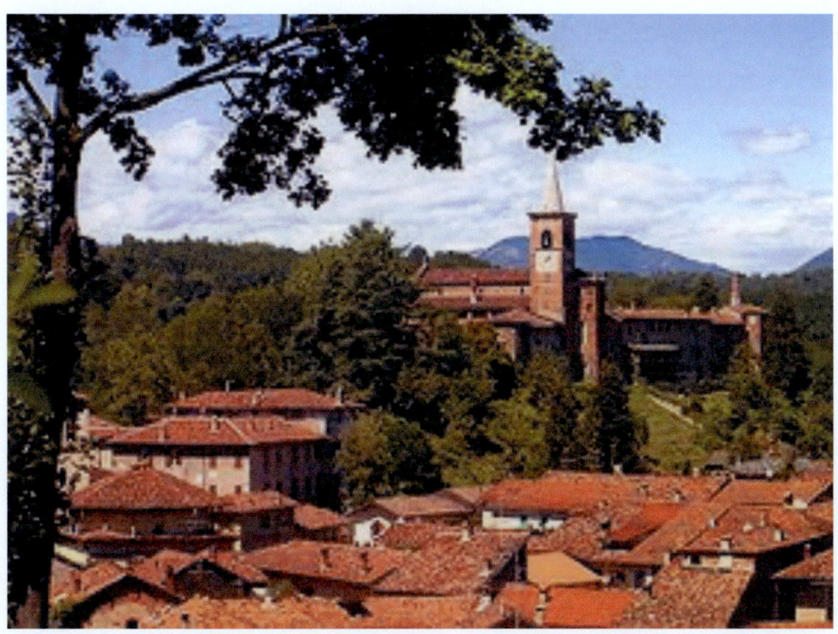

Fig. 39 Le village de Castiglione Olona

Dans le petit village d'Olona, en Lombardie, le cardinal Branda
Castiglione fit construire entre 1422 et 1425 une collégiale avec une
riche bibliothèque et un baptistère sur le lieu d'une ancienne citadelle.
Il commanda à Masolino da Panicale les fresques du baptistère, une
fois achevées celles de la Chapelle St Catherine à San Clemente à
Rome pour lesquelles on sait que Masaccio travailla avec lui jusqu'à
sa mort brutale survenue à l'âge de 27 ans en 1428 à Rome.

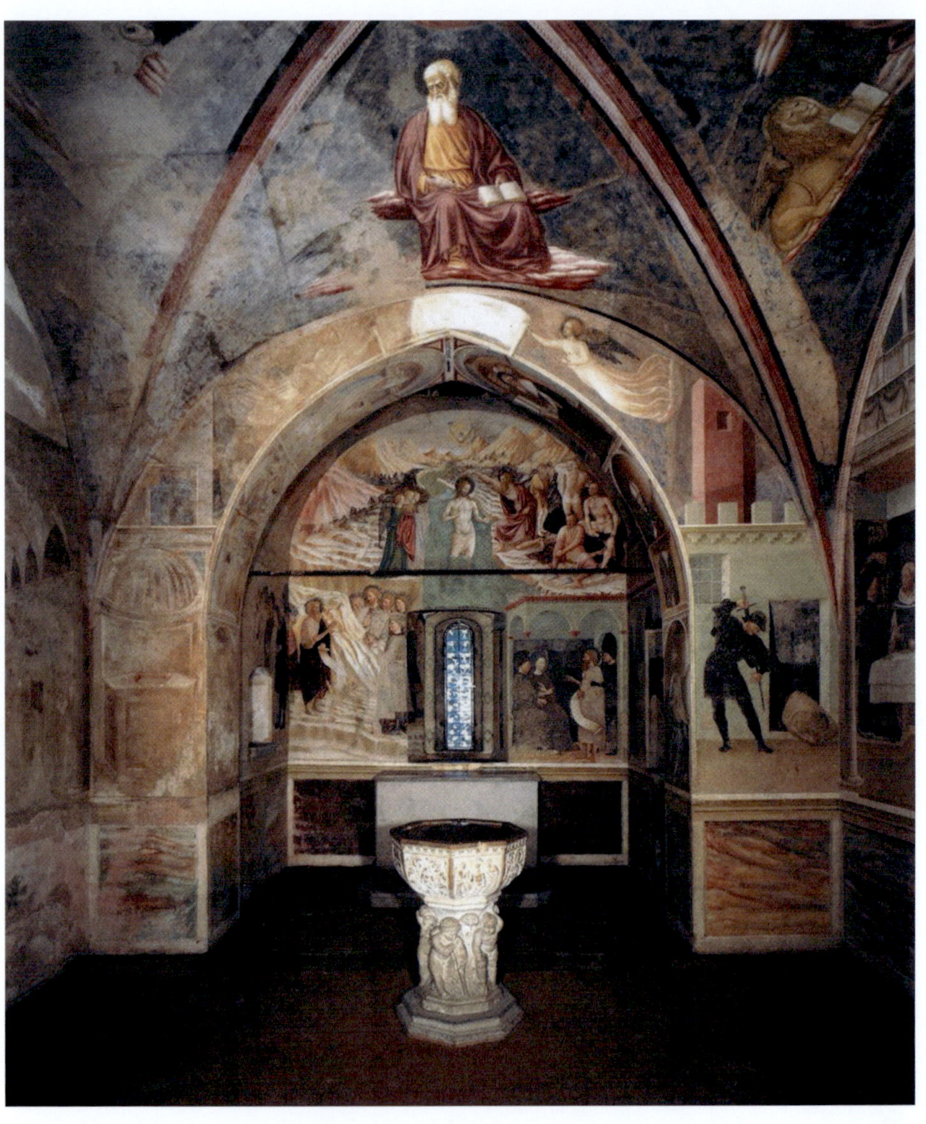

Fig.40 Vue d'ensemble en entrant - mur de 4,7 m -1435
Baptistère de Castiglione Olona

Le baptistère et la collégiale ont été construits entre 1422 et 1425. Le programme du baptistère est dédicacé à St Jean-Baptiste, le bien nommé. Comme le décrit très bien Véronique Dalmasso dans son

article [57] où elle étudie les gestes et leur interprétation dans la fresque de Masolino à Olona :
« Cette chapelle est constituée de deux travées de dimensions modestes séparées par un arc, la première est recouverte d'une voûte en berceau, la seconde plus spacieuse d'une voûte d'arêtes. La décoration intérieure est conçue par Masolino *d'une manière unitaire selon la structure de l'espace architectural,* dans lequel prennent place les scènes de la vie de saint Jean-Baptiste. »

Le cycle commence à gauche de la porte d'entrée par l'annonciation à Zacharie et continue sur la droite avec la Visitation. Les fresques du mur nord relatent la naissance de Jean - Baptiste. Le programme continue dans la salle de l'autel sur le mur sud avec le festin d'Hérode, Salomé apportant la tête décapitée de Jean Baptiste à Hérode et l'enterrement de Saint Jean-Baptiste. Le registre médian comporte les scènes les plus importantes du cycle: Saint Jean-Baptiste prêchant au désert et le baptême du Christ au Jourdain, puis Hérode et Hérodiade et Saint Jean - Baptiste en Prison. Sur la voûte, l'image des quatre évangélistes avec leur symbole respectif complète le programme iconographique.

Comme nous n'avons pas vu - in situ – ces fresques, nous empruntons à Véronique Dalmasso son propre texte quand au jaillissement visuel procuré par la fresque qui nous intéresse tout particulièrement :

« Le spectateur peut alors franchir la porte de la chapelle, son regard est attiré par la scène placée dans *l'axe de la porte*: le Baptême du Christ et des néophytes (Fig. 41).

---

[57]Véronique Dalmasso *De l'interprétation des gestes à l'invention du corps* Nouvelle revue d'esthétique1/N°3 2009 p.93, 100

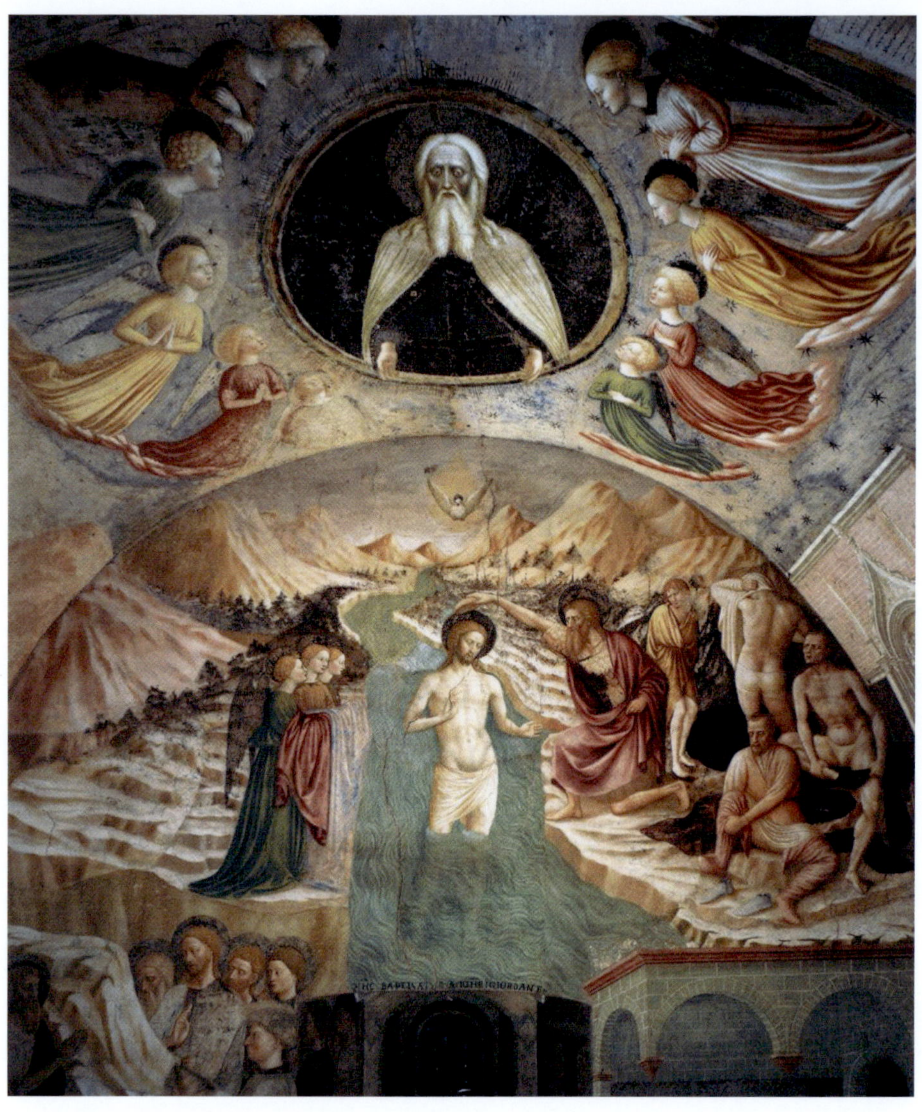

Fig. 41. Baptême du Christ Fresque de Masolino à Castiglione Olona 1435

Cet épisode appartient à la vie publique du Christ, lui-même inséré dans la vie du dernier des prophètes, celui qui a connu le Christ, témoin historique de son existence: Jean-Baptiste. »

Nous remarquons le choix de composition fait par Masolino pour articuler son propos, *un axe vertical* qui unit de manière manifeste: la figure de Dieu le Père, le saint Esprit (sous forme de la colombe) et la personne du Christ dans l'eau du Jourdain se faisant baptiser par Jean Le Baptiste. Cette représentation signifie dans son unité, le sens même de tout baptême pour celui qui, réitérant le baptême du Christ se fait baptiser au nom du Père et du Fils et du St Esprit: trinité fondamentale du dogme catholique. Cette adéquation de la représentation et du dogme catholique a sans doute été discutée par le cardinal Branda Castiglione et Masolino. Mais ce sur quoi nous voudrions insister, c'est la manière voulue par Masolino de se servir de la petite fenêtre pour construire sa composition.

 Deux impressions nous sollicitent: soit l'eau du Jourdain semble vouloir inonder la fenêtre ou bien le contraire, visuellement, nous avons l'impression que l'eau du Jourdain sourd, coule de la fenêtre pour se répandre d'une manière abondante jusqu'au fond de la peinture au cœur de la montagne à l'horizon. La fenêtre serait le lieu du divin comme dans l'Annonciation d'Ambrogio Lorenzetti à San Galgano. Selon nous, elle est traitée et peinte par Masolino selon trois nécessités :

1 - l'embrasure de gauche continue le groupe des disciples qui écoute Jean- Baptiste au désert,

2- le haut de l'embrasure souligne de manière redondante par les mots inscrits en noir qu'il s'agit bien du baptême du Christ

3- et l'embrasure de droite matérialise une porte à deux battants ouverte (Fig.43) nous donnant l'illusion d'entrer dans une pièce, autre lieu de la *storia,* l'angle architectural de l'embrasure servant de pilier peint qui semble s'avancer vers nous, creusant un espace en trois dimensions, comme chez Matteo Giovannetti à la Chapelle St Jean du Palais des papes pour aussi narrer la *storia* de Jean-Baptiste.

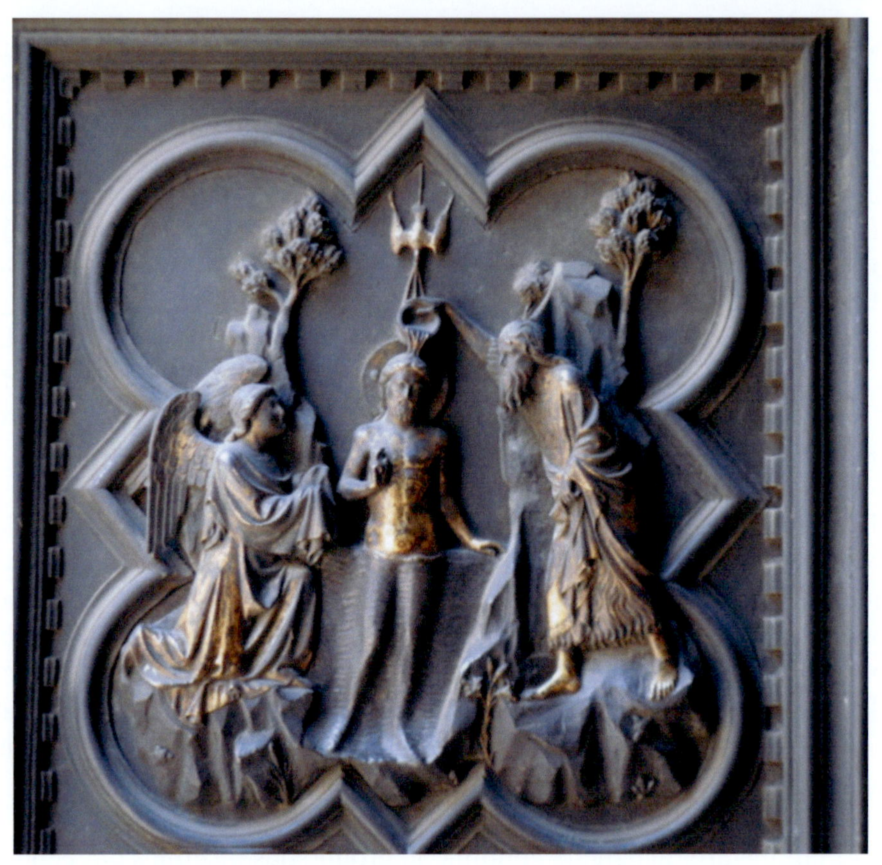

Fig. 42 Baptême du Christ 1330 Andrea Pisano
Bronze doré, 39 x 39 cm. Florence, porte sud du baptistère.

Cette fenêtre s'intègre sans rupture dans l'ensemble de la composition permettant à Masolino de construire ces espaces peints à trois dimensions, illusion qui culmine avec la représentation du banquet d'Hérode (Fig. 46.b.) avec ce monument aux colonnades s'enfuyant vers l'infini, surplombé d'un paysage de montagne où les disciples de Jean-Baptiste ont préparé sa sépulture.

Le contraste entre le monumental et le paysage, le bâti et la nature: le Jourdain se dessinant au creux des monts, les monts du désert ainsi que ceux de l'ensevelissement de saint Jean - Baptiste, donne à penser à cette dimension « sauvage » de la vie du saint qui vivait et prêchait au désert, hors de toute agglomération. Pour nous, il nous semble que cette petite fenêtre, trouée dans le mur,[58]a été utilisée par Masolino comme un point d'équilibre à sa composition mettant le Christ en valeur, omniprésent, figure centrale qui attire notre regard à la fois par sa place architecturale dans l'ensemble de la composition et par la délicatesse de la transparence de l'eau verte du fleuve qui laisse deviner le bas du corps du Christ. Masolino s'est peut-être inspiré du bas-relief magnifique d'Andrea Pisano de Florence où l'orfèvre / sculpteur a su rendre cette transparence de l'eau sur le corps du Christ.(Fig.41).

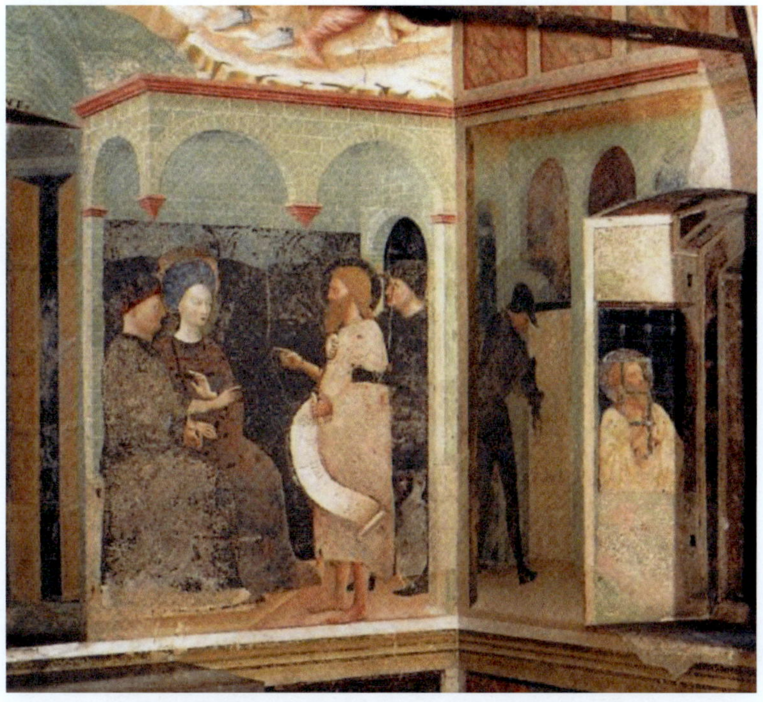

Fig 43. Le baptême d'Hériodiade fresque de Masolino à Castiglione Olona

---

[58]Véronique Damasco écrit dan son article que cette fenêtre a été percée après l'exécution de la fresque de Masolino. Mais elle ne donne aucune référence archivée.Et nous n'avons pas trouvé de source valable nous permettant de savoir si cette affirmation est vraie ou non.

Masolino da Panicale dans ce baptistère témoigne de son art de la composition qui sait ménager un continuum, une unité significative de la *storia* sans transition peinte entre les différentes scènes. Cette unité picturale est rehaussée par sa capacité à peindre des personnages ciselés, aux expressions humaines vives, toutes de finesse et de beauté. Que ce soit ce visage de cette jeune femme effrayée (Fig.44) dans la scène où la tête tranchée de Saint Jean-Baptiste est apportée au banquet d'Hérode ou que ce soit les visages des philosophes écoutant la parole vive et argumentée, remplie de l'Esprit Saint de Sainte Catherine au point de les convertir (Fig. 45). Leurs traits remplis d'humanité touchent profondément celui qui les regarde.

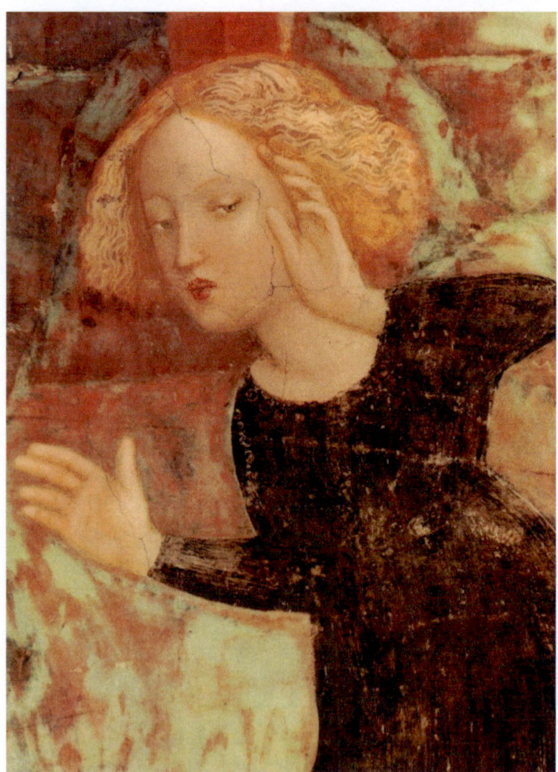

Fig. 44. Détail de la scène d'Hérodiade recevant la tête de Jean Baptiste

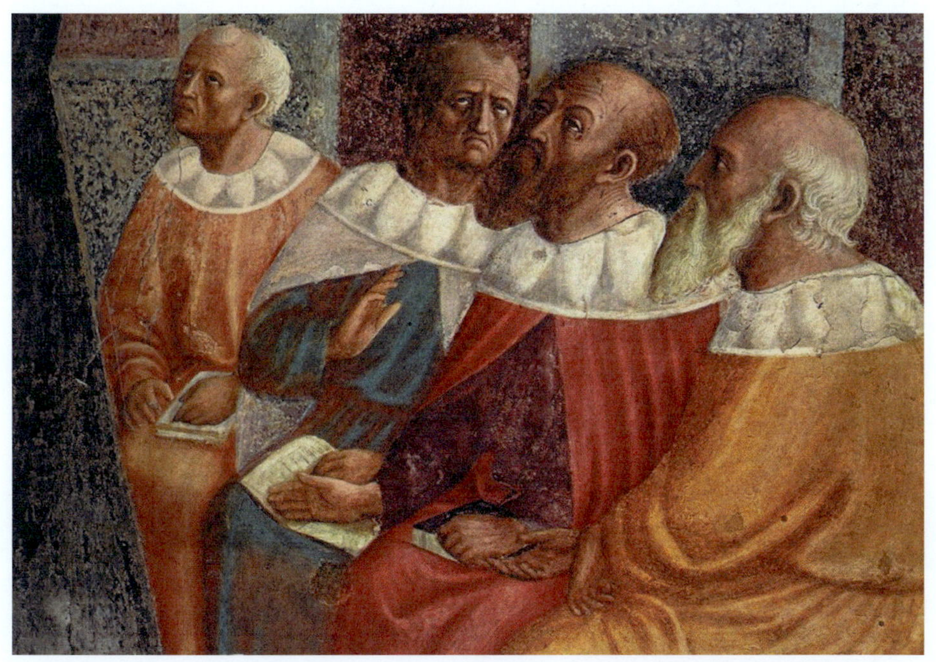

Fig. 45. Détails des visages des philosophes se convertissant en écoutant les arguments de St Catherine à San Clemente à Rome

Le message soutenu par la représentation picturale atteste du pouvoir du mystère divin qui s'incarne dans des vies humaines: celle de saint Jean-Baptiste, annonciateur du Christ qui sauve par le baptême ceux qui viennent à Lui ou celle de sainte Catherine qui, toute faible et gracile face aux docteurs, telle que le peintre l'a représentée, parvient par la force de l'Esprit Saint à convertir au risque d'en perdre la vie. Double martyr: celui de l'impératrice décapitée et de sainte Catherine aussi décapitée. Remarquons que ces deux fresques- celle de San Clemente et celle d'Olona, offrent trois décapitations. Sans doute que la force picturale de ce geste radical et sanguinaire était choisi par le commanditaire pour visuellement faire comprendre par l'image et l'évidence que, au delà du corps mortel, la tête - lieu de l'intelligence et de la raison - décapitée par la violence des pouvoirs temporels n'empêche pas le témoignage de la force divine - qui s'incarnant dans ces martyrs- offre une autre vie spirituelle, éternelle, à venir selon la promesse du Christ qui ayant vaincu la mort promet au croyant de vivre éternellement.

Au terme de cette présentation des deux fresques de Masolino da Panicale, il est aisé de comprendre pourquoi le cardinal Branda Castiglione souhaitait collaborer avec Masolino car il le jugeait apte et bon à savoir représenter le message évangélique dans toute son humanité et sa spiritualité, avec des moyens visuels forts et beaux, touchant à la fois l'esprit -la raison- et la sensibilité – l'émotion esthétique du spectateur. Encore aujourd'hui, nous y sommes sensibles.

2.4. Arezzo / Eglise Saint François/ Fresque de La Légende de la Vraie Croix de Piero della Francesca 1452 – 1466

La basilique de Saint -François à Arezzo, en Toscane, est de style gothique, construite en pierre et en brique, à nef unique à deux chapelles latérales (Fig.46) en 1290. Elle fut refaite entre 1318 et 1377 sur un plan du moine Giovanni da Pistoia. Une deuxième église a été construite sous la basilique pour compenser la pente du terrain: elle comprend trois nefs et est aujourd'hui un musée. Après quinze années d'étude, les fresques de Piero della Francesca ont été restaurées pendant une dizaine d'années et terminées en 2000.

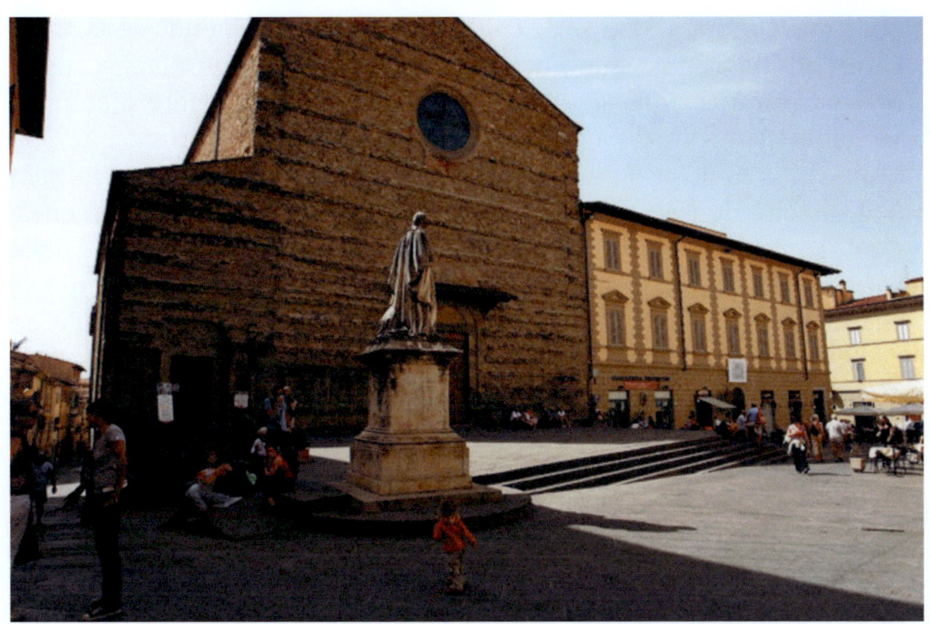

Fig.46.Vue extérieure de l'église Saint François à Arezzo

En 1447, Bicci di Lorenzo avait peint sur la voûte de la chapelle les quatre évangélistes et à sa mort, la famille Bacci, riche famille de marchands d'Arezzo confia le travail à Piero della Francesca qui réalisa les cartons, la composition de l'ensemble ce qui présuppose des discussions avec les Bacci et les Franciscains pour représenter en fresques les douze épisodes de la Légende. Ce cycle de Jacques de Voragine, *la Légende de la Vraie Croix* (les panneaux faisant 356 cm × 747 cm pour les plus grands, 329 cm × 190 cm pour les centraux.) était fort apprécié par les Franciscains.

Ces fresques de la basilique Saint François, à Arezzo, de Piero della Francesca ont été abondamment commentées par un grand nombre d'historiens d'art depuis les années de l'entre-deux guerres en 1927 par Roberto Longhi[59], Lionello Venturi [60]chez Skira en 1954, jusqu'à

---

[59]Roberto Longhi *Piero della Francesca* Hazan, 1927.

[60]Lionello Venturi, *Piero della Francesca*, collection *Le Goût de notre temps*, éd. Skira 1954

nos jours comme l'équipe de chercheurs [61] sur la Légende de la Vraie Croix en 2001 ainsi que l'article de Louis Marin, en 2008, dans la revue Critique [62] qui analyse ce cycle en tant que genre pictural – véritable manifeste de « peinture d'histoire » avec la fortune que l'on sait quant à sa position décisive, tant historique que théorique, au sein de l'histoire de l'art.Ce qui nous intéresse avec ces ultimes fresques, c'est de regarder comment la fenêtre omniprésente et centrale – belle baie en ogive, qui perce de toute sa hauteur le mur central de la chapelle - (cf : Fig. 47,48,49) sert la composition de l'ensemble du cycle à Piero della Francesca. Sa taille et sa place dans le bâti lui donne d'entrée de jeu, un rôle majeur.

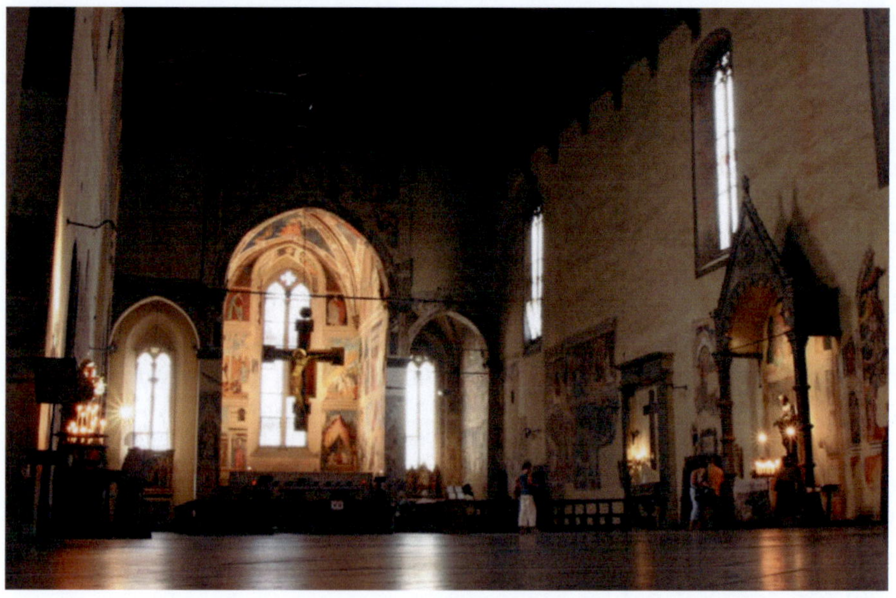

Fig.47.Vue d'ensemble de l'église de saint François à Arezzo

Quand le visiteur arrive depuis le fond de la nef, c'est bien cette trouée de lumière qui frappe au centre de l'édifice, accompagnée des deux

[61]Marilyn Aronberg Lavin, Carlo Bertelli, Maria Teresa Donati, Anna Maria Maetzke: *Piero della Francesca: la Légende de la vraie croix à San Francesco d'Arezzo*, Milan, Skira 2001.
[62]Louis Marin, *Piero della Francesca, peintre d'histoire ? Critique* N°738 – 2008-11. p. 32 à 65

autres -de part et d'autre- dans les deux chapelles adjacentes. (Fig.48)
La Croix suspendue d'un artiste anonyme datant du XII ème siècle,
dans le style de Cimabue occupe tout l'espace au - dessus de l'autel
(Fig. 48).

Puis, si nous nous approchons de la chapelle Bacci et entrons derrière
l'autel comme aujourd'hui les touristes sont invités à le faire, nous
sommes frappés par les embrasures vierges de la grande fenêtre,
même si tout en haut, des morceaux de fresque se laissent apercevoir,
permettant de penser qu'autrefois, elles étaient peintes. Nous qui
avons été habitués à regarder les embrasures des fenêtres des autres
lieux déjà parcourus, c'est avec regret que nous observons cette
absence.

Aussi, ce n'est donc pas l'emploi des embrasures de la fenêtre qui
mène -ici- notre observation mais bien la composition générale de ce
cycle, tel que l'a conçu Piero della Francesca.

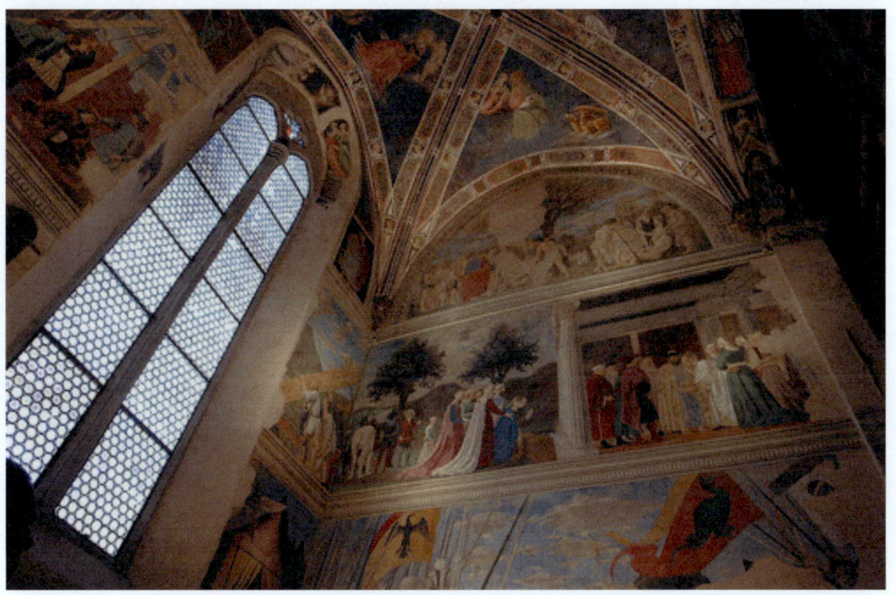

Fig. 48 Mur de droite des fresques de Piero della Francesca

Si nous regardons le schéma qui donne l'ordonnancement des scènes (Fig.50), il apparaît clairement que Piero della Francesca a construit cet ensemble de douze scènes avec et autour de cette fenêtre omniprésente, se servant de ce vide architectural, pour *en capter la lumière.* Nous ne rappelons pas l'agencement des scènes[63] de la Légende de la vraie croix, laissant l'iconographie de côté pour nous attacher au traitement de la fenêtre.

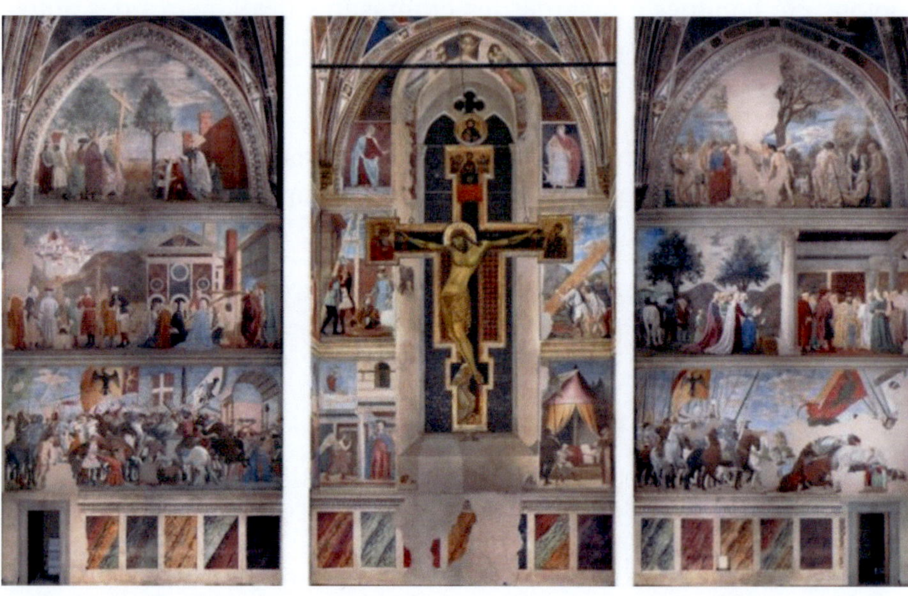

Fig. 49. Vue panoramique des fresques composées autour de la fenêtre dans la chapelle centrale de la famille Bacci derrière l'autel principal

---

[63]Nous renvoyons le lecteur aux pages 28 à 46 de l'article de Louis Marin dans le numéro de la revue *Critique* qui explique l'unité narrative non traditionnelle de Piero della Francesca comparé à celle d'Agnolo Gaddi 1374-1395 Florence Eglise de Santa Croce

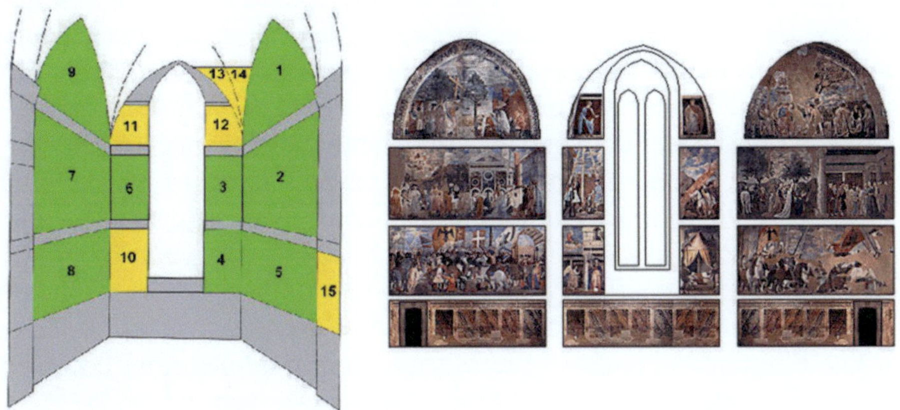

Fig. 50 Schéma indiquant l'ordre de lecture des scènes de la Légende de la vraie croix et en jaune des scènes exogènes à la *storia* de la Légende de la vraie croix mais voulue par PdF dans sa composition d'ensemble.

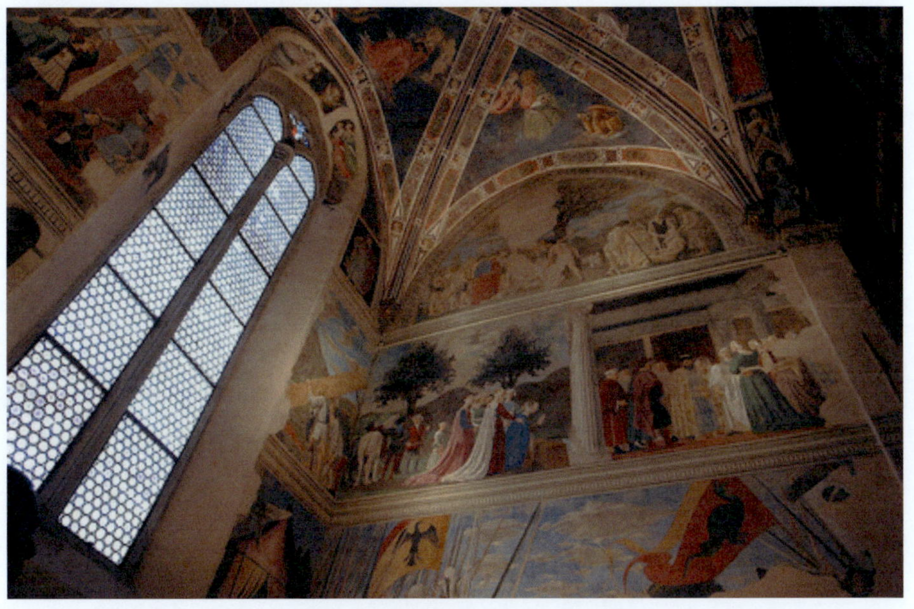

Fig. 51 Mur de droite des fresques de Piero della Francesca

Et c'est la première fois dans notre corpus, que la fenêtre en tant que *source de lumière* est utilisée. Lorsque nous étions sur place, nous avons observé les ombres portées des personnages et il était fort intéressant de remarquer que la lumière venant de la fenêtre frappait l'image par la gauche, ce que le peintre a rendu par des ombres portées à droite (Fig. 51) pour l'épisode de la Reine de Saba et à gauche pour la scène qui lui fait face sur le mur de gauche. Dans le registre médian du mur de droite, la scène de la Reine de Saba offre plusieurs exemples de ces ombres portées, qui donnent de la vie, animent la scène, rendant les personnages vivants. Le manteau blanc d'une des suivantes de la Reine illumine la peinture et les visages sont modulés entre ombre et clarté, donnant une grande vitalité à leurs expressions (Fig.52).

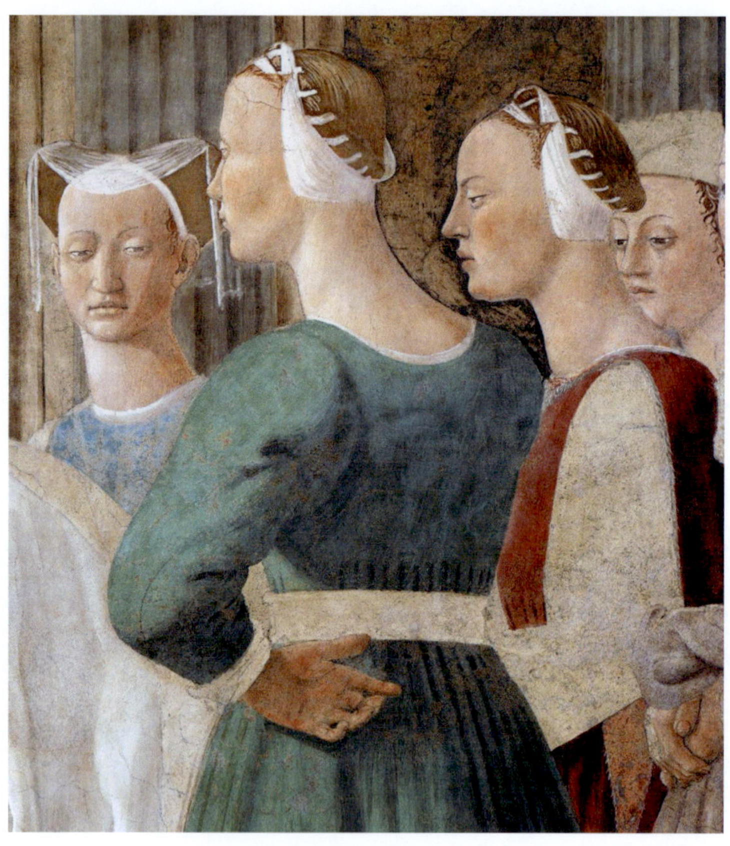

La peinture donne à voir ce savoir-faire de Piero della Francesca a travaillé *sur* le mur du bâti, profitant généreusement de toute la surface du panneau pour composer la place des personnages dans ce lieu du palais de la Reine hors les murs et dans les murs, respectant à son tour la théorie de l'espace aristotélicien: un lieu + des personnages donnent le sens de la *stroria*. Et *avec* la situation concrète de ce mur éclairé par la lumière dispensée par la fenêtre, s'attachant à porter les ombres sur le sol, les vêtements, les visages, leur donnant ainsi un volume et une vie plastique étonnante et remarquable à l'œil qui observe ces peintures murales. Ce procédé de se saisir de la réalité existante, bien concrète de la lumière naturelle contribue à donner à la peinture de Piero une transparence et un naturel aux personnages qui semblent à jamais inondés de lumière ; cet effet est redoublé par les nuances des couleurs choisies par Piero: rose pâle, blanc, vert pâle et foncé, bleu pâle et foncé qui font ressortir les pourpres des manteaux et des robes des notables.

Et si nous continuons à observer ces scènes peintes de Piero en tenant compte de cet aspect concret de la fenêtre comme source de lumière, dispensatrice d'une présence diurne, la scène du rêve de Constantin placé sous la fenêtre, en bas à droite, est d'autant plus justifiée, que dans ce cône d'ombre, Piero y place la nuit (Fig.53) au côté d'une autre lumière, elle artificielle, dispensée par la présence divine de l'ange annonciateur de la victoire qui éclabousse de lumière la couche de l'Empereur, donnant à voir le visage dubitatif de celui qui veille à ses côtés. Le contraste entre l'obscurité de la nuit et la clarté divine n'en est que plus saisissant.

Autour de la fenêtre, la composition propose un ordre de lecture des épisodes comme le remarque Louis Marin qui n'est pas linéaire ni chronologique, ce qui lui fait écrire que [64] « la peinture de Piero opère une remarquable rupture entre la clarté (mathématique) de la vision et la perception possible du sens de l'histoire, car la *storia* est précisément construite de manière à brouiller cette perception. » Et plus loin: « [...] il est ce peintre pour lequel la modernité des espaces figuratifs obtenus par la perspective mathématique n'implique pas une

---

[64] opus cité p.62

transformation des fonctions traditionnelles de la peinture, celles qui lui assurent sa véritable dignité chrétienne: non pas *faire croire* à un trompe l'œil, mais indiquer ce à quoi il faut *croire* parce que telle est la vérité du texte, l'enseignement de l'Eglise.[…]

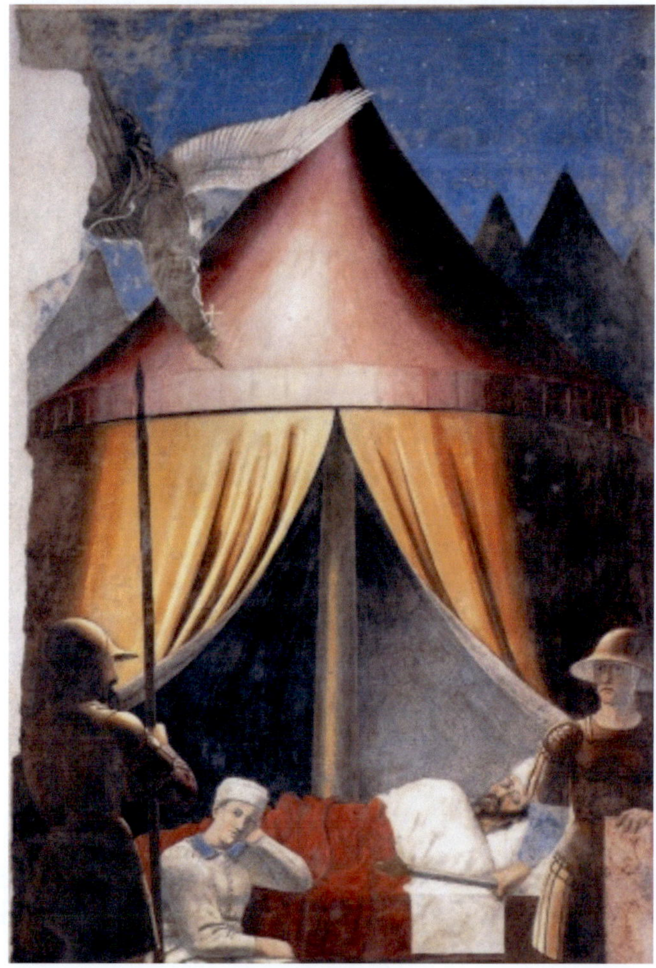

Fig.53 Le songe de Constantin

Son objet n'est pas la crédibilité historique de la *Légende*, mais sa valeur légendaire même, l'acte de foi qu'elle implique pour que l'on

98

croie, malgré les évidences des sens et les doutes du sens historique…
» [65]

C'est pourquoi, Piero della Francesca s'intéresse à montrer visuellement, picturalement la vision spirituelle des hommes quand ils sont animés par l'Esprit de Dieu: la victoire de Constantin, mystère d'une bataille non visualisée où tous semblent être bien ordonnés et hiératiquement apaisés, a contrario de la bataille d'Héraclius contre le fils de Chosroès sur le pont du Danube qui donne à voir une mêlée humaine où la violence des combats transparaît très précisément avec des détails de mort et de blessures, lieu du mal et de mort face à une bataille gagnée, lieu du bien et de paix. Cette répétition voulue des batailles en face à face forme comme un chiasme rhétorique ou le A et le non A s'interpellent. Vision binaire et paradoxale qui exacerbe et magnifie la force de la Foi en Dieu qui apporte victoire et paix. Constantin remporte la bataille grâce à la petite croix qu'il porte à la main. Il suffit de regarder les visages des deux fresques pour s'en persuader.

La fonction didactique de la fresque joue parfaitement -ici- son rôle: seul, celui qui s'en remet à Dieu est vainqueur. Le message est clair, soutenu qu'il est par cette *lumière du jour* dispensé par la fenêtre qui comme dans l'Annonciation d'Ambrogio Lorenzetti à San Galgano symbolise la force de l'Esprit saint. Et, dans une théologie chrétienne qui affirme que Dieu créa le monde « à son image », le simple fait de se « servir » de la lumière naturelle, du jour est une célébration de la création divine. Alors, si le peintre sait utiliser *cette trouée de lumière* pour éclairer les personnages leur insufflant par là -même la vie, il ne fait qu'être le passeur, le témoin par sa peinture de ce que doit être la foi de tout chrétien: remercier Dieu pour le jour qui lui est donné, c'est-à-dire la vie qui est donnée par Dieu: vie du paysage, de la nature, des hommes et des femmes, des empereurs s'ils se mettent sous le regard du Père, du Fils et du saint Esprit, geste de la croix qui baptise et qui christianise toute la création. *La Légende de la Vraie Croix* pour Piero est un prétexte pour réaffirmer le message de l'Eglise, qui -ici- à la basilique Saint François est vécu par les

---

[65] *Ibid.,* p.65.

Franciscains, gardiens de la Croix à Jérusalem et en Italie, témoins de la parole de St François qui rappelle que toute la création est bonne quand elle est rendue, retournée, à Dieu par la prière et la vie de charité.

Ainsi, parvenu au terme de notre promenade dans les lieux et les fresques de notre corpus, nous mesurons la diversité et la richesse de ses peintures murales depuis la fin du Trecento et du Quattrocento, en Toscane, en Avignon, en Lombardie et à Rome.

Les Cisterciens à San Galgano, les Franciscains à Arezzo, les papes en Avignon, et le cardinal Branda Castiglione à Rome et à Olona, doublés des familles Bacci à Arezzo ont commandité ces fresques à Ambrogio Lorenzetti, à Piero della Francesca, à Matteo Giovannetti et à Masolino da Panicale pour célébrer leur foi chrétienne au chœur des chapelles ou des églises afin de rendre lisibles aux yeux des fidèles le message chrétien que ce soit par *la storia* de *l'Annonciation*, de la *Légende de la Vraie Croix*, ou encore celle de la vie des deux *Jean, l'Evangéliste et le Baptiste*, ou encore celle de *sainte Catherine d'Alexandrie*. Toutes témoignent d'un message évangélique qui en respectant les variantes et les histoires légendaires ou non accréditent le rôle et la puissance spirituelle et politique de l'Eglise catholique à cette époque. Pas à pas, nous avons essayé de mettre en valeur pour chaque lieu, la configuration de l'espace du bâti et de la fenêtre architecturée sise en ce lieu précis dans le rapport qu'elle tisse avec la composition de la fresque: choix pictural, technique, architectural de traiter la surface à peindre.

Il nous faut à présent, tirer la leçon de ce qui a été observé pour tenter de faire une synthèse sémiologique de cet élément architectural ou peint qu'est la fenêtre afin de répondre à la question de la problématique posée en introduction: en quoi le traitement de la fenêtre interfère-t-il dans la lecture signifiante de ces fresques.

Chapitre 3 : sémiologie de la fenêtre

Pour répondre à la problématique de cette recherche concernant le rapport entre le bâti plus précisément: la fenêtre architecturée et les fresques du Trecento et du Quattrocento, il faut à présent exposer nos hypothèses de sens liées à leurs « effets de présence » et leurs « effets de sens » [66]comme le chapitre précédent les circonscrits -cas pas cas- dans chaque lieu, en fonction de leurs contraintes architecturales et aussi de nos connaissances historiques quant à la présence attestée ou non de la dite fenêtre au moment de la conception de la fresque par les peintres. Doute, essentiellement pour les fresques de Masolino da Panicale, avec la fenêtre de la chapelle St Catherine à San Clemente à Rome en 1431 ou encore celle du baptistère à Castiglione Olona, 1435. Cependant même si pour ces dernières, il est difficile de savoir historiquement quelle était la taille ou la place de la fenêtre à la date de la conception et de la réalisation des fresques, nous les gardons dans notre corpus car au-delà de leur présence, le traitement de la fenêtre par Masolino tel que nous l'observons aujourd'hui est trop intéressant et novateur pour que nous le l'y incluions pas.

A présent, nous laissons de côté la chronologie qui précédemment a permis de mettre en rapport des influences entre les peintres: Ambrogio Lorenzetti et Matteo Giovanneti, et ce dernier avec Masolino avec la fresque de la vie de Jean Baptiste à Castiglione Olona dans le traitement peint des embrasures de la fenêtre et de les situer dans cette période dite de la pré – Renaissance pour le Trecento ou de la Renaissance pour le Quattrocento. Nous attachant à synthétiser la fonction et le rôle sémiotique de la fenêtre dans son rapport à la composition de la fresque – ces« *dispositifs de présentation* » conditions de possibilité et *d'effectivité* de la représentation de la peinture, comme le cadre, le décor, le plan de

---

[66] *Opacité de la peinture. Essais sur la représentation au Quattrocento,* Louis MARIN Nouvelle édition revue par Cléo Pace, Editions de l'Ecole des Hautes Etudes en sciences sociales, 2006 p. 15

représentation etc...[67] comme l'énonçait Louis Marin, nous regroupons ces effets de sens sous quatre rubriques, la fenêtre comme

> ➢ un *trou dans la paroi*: aide à peindre l'illusion voire le trompe l'œil,
> ➢ le *lieu du divin*,
> ➢ *un lieu de transition symbolique*,
> ➢ *une source de lumière et un élément fondateur* de la composition.

3.1. Un trou dans la paroi

Commençons par cette définition de la fenêtre qui la place au plan architectural comme « un trou dans la paroi » du mur pour y prodiguer de l'air et de la lumière car comme le rappelle de Dictionnaire de l'architecture:

« Dans une église où l'on se réunit pour adorer la Divinité, *on n'a pas besoin de voir ce qui se passe au dehors* […] » [68] la fonction des fenêtres dans un lieu de culte est donc de prodiguer de la lumière mais pas seulement.

La Chapelle Saint Jean du Palais des Papes témoigne de cette définition synthétique de « trou dans la paroi » puisque Matteo Giovannetti avec beaucoup d'audace et de nouveauté témoigne de sa compréhension de l'espace bâti en utilisant les embrasures de la fenêtre comme autres supports pour marquer *un continuum narratif et visuel* entre les différentes scènes et plus encore se servant du volume ménagé par l'embrasure (Fig. 29b et c), de peindre un pilier qui semble avec « illusion » voire « trompe l'œil » avancé vers l'avant: la profondeur suggérée donnant cette illusion de voir une pièce réelle.

Comme l'écrit Pierre Charpentat dans cet article déjà cité [69]:

---

[67]cf. page 21 de ce master 1
[68]cf. page 17 de ce master 1
[69]cf. page 14 de ce master 1

« *Le trompe l'œil proprement dit n'est en aucune manière ressenti comme imitation, comme reflet. Il ne renvoie justement, en cas de parfaite réussite, à rien d'autre qu'à lui même.* »

Ici, ce trompe l'œil peint par Matteo Giovannetti est bien l'utilisation du volume de la fenêtre comme il continuera à le faire à la Chapelle Saint Jean –Baptiste de la Chartreuse cinq ans plus tard avec ce jeu clairement voulu et peint de la pièce où Jean-Baptiste est décapité (Fig.36.b) qui fait écrire à E.Castelnuovo: « *l'impression que cet appui de fenêtre sert de trait d'union, d'élément unificateur et organisateur entre les différentes scènes, est renforcée par le fait que la traverse de l'armature de la fenêtre, décorée de motifs cosmatesques s'intègre parfaitement comme s'il s'agissait d'un élément peint et non réel - aux deux scènes qu'elle sépare, tandis qu'elle complique l'effet de trompe l'œil en faisant une sorte de saillie par rapport à la fresque, et en reposant solidement sur le rebord aux faux cabochons de marbre.* »
 Reprenant la citation déjà employée, nous soulignons définitivement que cette utilisation du volume de la fenêtre par Matteo Giovannetti annonce un traitement de la surface du mur à peindre comme un moment nouveau et fort qui annonce les autres « trouvailles » des fresques du Quattrocento.
A présent, notre corpus permet de le relier au travail pictural de Masolino au baptistère de Castiglione Olona où la porte ouverte dans l'embrasure de la petite fenêtre matérialise parfaitement l'illusion de pénétrer dans une autre pièce du palais d'Hérode, marquant ainsi là encore *un continuum narratif* entre la scène à gauche de la fenêtre et celle placée à sa droite.
L'effet de présence qui en résulte est pour nous, une lecture facilitée de la *storia* qui démontre sans qu'il soit nécessaire d'en dire plus, l'intelligence de Masolino comme de Matteo de savoir « jouer » avec les contraintes architecturales pour donner à voir leur message signifiant au même titre que leur capacité technique à savoir peindre des visages expressifs et des allures corporelles pleines de signification pour toucher l'œil et l'esprit du spectateur selon la vision théologique choisie par le commanditaire. Ici rendre visible cette vie exemplaire de Jean-Baptiste qui annonçait par le baptême du Christ la nouvelle vie du catéchumène pour celui qui - à l'instar du Christ- venait en ce lieu – s'y faire baptiser au nom du Père, du Fils et du St

Esprit. La redondance voulue entre le message de la fresque de Masolino et la présence des fonds baptismaux dans ce baptistère accrédite la mission didactique mais aussi ecclésiale de la fresque chrétienne. Le cardinal Branda Castiglione avait bien compris que la beauté du pinceau de Masolino servait son propos d'entourer le futur chrétien d'images fortes et claires qui resteraient dans sa mémoire pour continuer -hors du lieu- à l'aider à vivre dans le message évangélique comme un chrétien, en « fils de Dieu », suivant le modèle du Christ et de Jean - Baptiste.

Donc ce « trou dans la paroi » ne fonctionne pas comme un vide béant non signifiant, bien au contraire, le volume des embrasures de la fenêtre apporte au peintre des surfaces « autres », différentes qui lui permettent d'avancer dans son art de peinture, capable de visualiser une illusion de volumes en trois D (comme on dit aujourd'hui), volume qui exprime la profondeur du réel comme la profondeur de la vision.

3.2. Le lieu du divin

La fenêtre architecturée, présente au centre de la paroi, articule la composition de l'*Annonciation* d'Ambrogio Lorenzetti à Montesiepi dans cette petite chapelle de San Galgano. Cette première fresque (chronologiquement) fonde l'intérêt que nous portons à cet élément architectural depuis que nous avons lu l'étude révélatrice - pour nous- élaborée et <u>écrite</u> par Daniel Arasse sur *l'Annonciation italienne.* [70]
La fenêtre de la chapelle de San Galgano à Montesiepi nous donne à comprendre que la fresque d'Ambrogio Lorenzetti fut si novatrice à époque que les moines cisterciens n'en voulurent pas et comme nous l'avons déjà écrit, certes, cela tenait à l'attitude effrayée de Marie à l'écoute du message angélique mais aussi sur cet usage novateur de la fenêtre comme lieu d'une signification symbolique nouvelle: le vide signifiant la présence de Dieu par son Esprit. Il faut être un peintre comme Ambrogio Lorenzetti que l'on peut cataloguer

---

[70]Daniel Arasse *L'annonciation italienne, une histoire de perspective*, 2003 Hazan p.82

d'«intellectuel»[71] au meilleur sens du mot c'est-à-dire de « qqn qui pense, qui réfléchit » pour avoir de telles idées. Pour les autres, la fonction de la fenêtre est de donner de l'air, de la lumière et voilà tout. Mais pour Ambrogio Lorenzetti, il comprend que l'image qu'il peint signifie un message divin qui le dépasse car emprunt de mystère. Raisonnablement, l'Incarnation de Dieu dans un corps de femme apparaît comme une folie. Il est bien difficile aux seuls yeux de la raison de comprendre une telle histoire et c'est ainsi que le peintre a cette idée lumineuse de se servir de ce qui n'a pas de nom: la lumière et son ombre pour traiter du mystère divin. Comme l'écrit Daniel Arasse:

Cette fenêtre n'est pas raccordée à l'architecture fictive peinte c'est pourquoi, elle « disloque le lieu humain de Marie: représentée, parallèlement au plan de l'image, par la figure de l'Ange porteur de la palme, cette irruption est visualisée perpendiculairement au centre de l'image, par l'édicule qui entoure la fenêtre de la chapelle et devient, tel qu'il est « mis en scène », une figure « dissemblable » de l'Infini entrant dans le fini. Lorenzetti a en effet utilisé la percée centrale de l'architecture réelle pour créer un effet de « trompe l'œil » au sens propre du terme – un effet non de fuite vers le fond mais de venue vers l'avant d'un élément de la représentation qui se trouve en relief, en excès par rapport au plan de la représentation […] il faut percevoir l'édicule central comme un surgissement, comme une projection vers l'avant de ce qui passe à travers la fenêtre réelle de la chapelle. »[72]

La fenêtre comme lieu du divin, lieu qui symbolise par sa vacuité même la source de la bonté divine. Ce paradoxe du vide et du plein intéresse le spectateur que nous sommes car une fois entraperçue cette signification, il n'est plus possible de continuer à regarder les lieux des fresques comme avant. Nous devons nous interroger sur cette présence de la fenêtre comme une présence polysémique, qui oblige à

---

[71]Daniel Arasse note qu'Ambrogio Lorenzetti était considéré comme un « nobilissimo compositore », très expert dans la théorie de son art in opus cité p.84
[72]*ibid* p. 83

oser mettre au jour un sens non pas caché mais si évident que cela modifie notre regard d'historien et interfère dans notre interprétation.

Là, il s'agit bien non pas de chercher le rapport entre des sources iconographiques et un thème, ou encore des sources textuelles historiques qui expliquent l'image représentée, mais bien au contraire de savoir prendre en compte l'importance du lieu et de son architecture donnée et concrète pour lire avec des outils physiques - nos yeux- mais aussi intellectuels - la signification même du rapport entre la fenêtre et la composition picturale de la fresque.

Cette traversée sémiotique permet de dire que le vide exprime le plein, ou que - ici- à la chapelle de San Galgano (Fig. 18), la petite fenêtre incarne le divin qui ose perturber l'ordre humain, pour lui apporter le Salut. Nous sommes émerveillés face à l'intelligence de la composition peinte et voulue par Ambrogio Lorenzetti car elle frappe par son immense simplicité. Elle fixe cette dimension de l'histoire de l'art que nous aimons qui oblige à étudier l'œuvre elle-même *in situ* dans son cadre et ses contraintes car c'est de cela qu'émerge son sens particulier et son pouvoir de séduction.

3.3. Lieu de transition symbolique

Avec cette troisième définition nommant la fenêtre comme lieu d'une transition symbolique entre deux mondes, nous avons à faire à une lecture de la peinture seule sur le plan du mur puisque la fenêtre –ici- est peinte et non plus architecturée.

Avec Masolino da Panicale à la Chapelle Sainte Catherine à San Clemente (Fig. 40), il s'agit d'une petite fenêtre peinte, donc de la présence d'une fenêtre fictive mais oh combien !signifiante. Dans la *storia,* elle appartient à cette scène du registre du haut où sainte Catherine après avoir été mise en prison par l'Empereur Maxence à cause de la conversion des docteurs, grammairiens, et rhéteurs, à la foi chrétienne, depuis sa prison parle à l'Impératrice et la convertit. L'Empereur Maxence, fou de rage de se voir ainsi dominé par cette jeune femme la fera aussi décapiter. Si nous relisons le texte de Jacques de Voragine, nous remarquons que cette scène de la fenêtre de la prison ne fait pas partie du texte alors que la scène des roues y figure[73]. Ce qui donne à penser que cette scène est une invention picturale de Masolino. Et cela montre l'intelligence picturale quant au traitement de la narration de la *storia*. Comment rendre tangible et visuel, ce qui appartient au domaine de l'esprit ? Comme nous l'avons écrit au chapitre 2, ce qui touche – ici -: « c'est cette simplicité et cette pertinence du peintre a rendre *visuel un événement spirituel*. La fenêtre symbolise le lieu du passage d'un état à un autre, de transition entre un monde de foi: celui de sainte Catherine qui depuis sa fenêtre pénètre dans le monde païen de l'Impératrice qui s'est convertie par sa parole. Le traitement symbolique de l'utilisation de la fenêtre peinte

---

[73]Extraits de la vie de sainte Catherine :

Alors l'empereur, plus frappé que jamais de sa beauté, lui proposa, une fois de plus, de l'élever au trône avec lui. Et comme elle s'y refusait, il lui dit: « Choisis entre deux choses, ou bien de sacrifier aux idoles, et de vivre, ou bien de mourir dans des tourments effroyables ! » Et elle: « Quelques tourments que tu puisses imaginer, n'hésite pas à me les infliger, car j'ai soif d'offrir ma chair et mon sang à Jésus, qui a offert pour moi sa chair et son sang ! Lui seul est mon Dieu, mon maître, mon mari et mon amant ! » Alors un préfet conseilla à l'empereur de faire préparer quatre roues garnies de pointes de fer, et de s'en servir pour déchirer les chairs de Catherine, de façon à épouvanter, par un tel exemple, les autres chrétiens. Et l'on décida que, de ces quatre roues, où l'on attacha la sainte, deux seraient poussées dans un sens et deux dans un autre, pour que les membres de Catherine fussent arrachés et broyés en morceaux. Mais la sainte pria Dieu que, pour la gloire de son nom et pour la conversion des assistants, il anéantît cette affreuse machine. Et voici qu'un ange secoua si fortement la masse énorme des quatre roues, que quatre mille païens périrent écrasés.

En ce moment l'impératrice, qui avait assisté à la scène du haut du palais, s'enhardit à descendre, et reprocha à son mari tant de cruauté. Le roi lui fit arracher les mamelles, puis trancher la tête. Et l'impératrice, allant au martyre demanda à Catherine de prier pour elle. Et Catherine: « Sois sans crainte, princesse aimée de Dieu, car ta royauté passagère va se changer aujourd'hui en une royauté éternelle, et en échange d'un mari mortel tu en acquerras un immortel ! » Sur quoi, l'impératrice, raffermie, encouragea ses bourreaux à exécuter leur mission. Ils la conduisirent donc hors de la ville, lui arrachèrent les mamelles avec des pointes de fer et lui coupèrent la tête. Et Porphyre, recueillant ses restes, les ensevelit.http://fr.wikisource.org/wiki/La_L%C3%A9gende_dor%C3%A9e/Sainte_Catherine

comme lieu de transition, lieu de transformation, - ici - spirituelle entraînant le martyr de l'impératrice est nouveau. »[74]

La fenêtre, lieu de vacuité, devient le symbole de la transition d'un état à un autre: de païen à chrétien. Comme si le dehors et le dedans se correspondaient symboliquement. Cette fenêtre qui sépare et unit deux femmes, lieu de la parole quotidienne se transforme en lieu de transition et de conversion grâce à la parole de Catherine, remplie de l'Esprit de Dieu. Comme avec Ambrogio Lorenzetti avec *l'Annonciation* à Montesiepi, la simplicité de l'image force l'admiration du spectateur. Comment visualiser une parole emplie de la force de conviction de l'Esprit Saint ? Cette économie de moyen manifeste une grande finesse d'observation chez Masolino qui sait par un élément architectural banal: une fenêtre, représenter une conversion.

Cette articulation entre deux mondes: le dehors et le dedans, l'avant (la conversion) et l'après (le martyr à cause de la conversion) laisse entendre que l'espace de la fresque, lu de gauche à droite, visualise le temps. Cette capacité de la fresque à rendre compte par son découpage de la succession du temps de l'histoire prouve ses qualités didactiques, bonnes pour la mémorisation. On sait l'importance que revêt le traitement des images saintes au cœur de l'éducation chrétienne. Le commanditaire de cette fresque le cardinal Branda Castiglione était un humaniste, un lettré et nous pouvons imaginer que son dessein était de rendre simple et explicite le message chrétien grâce à la vie de Sainte Catherine, il avait trouvé avec Masolino un peintre capable de visualiser l'invisible, avec grâce et beauté.

3.4. Source de lumière et élément fondateur de la composition

La grande fenêtre de la chapelle Bacci à la basilique Saint François à Arezzo domine le champ visuel quand le visiteur arrive au fond de la nef (Fig.50). Aussi, la définition de cette fenêtre architecturale

---

[74]p.41 de ce master 1

s'exprime le mieux dans cette métaphore de la *source de lumière* dont nous avons au précédemment noter les bienfaits picturaux quant aux ombres portées sur les personnages les rendant « vivants ». Mais aussi et surtout dans cet espace architectural, elle est *l'élément fondateur* de la composition d'ensemble des fresques de la Légende de la Vraie Croix. Comme cela a été démontré par l'étude de Louis Marin[75], le décor n'est plus présenté selon un ordre chronologique de gauche à droite ou de haut en bas, il s'étage sur trois registres depuis la voûte jusqu'au bas selon un schéma (Fig. 54) qui met en regard des parallélismes et des chiasmes entre les épisodes selon une reconnaissance visuelle des personnages peints. Dans son traité du *De prospectiva pingendi,* en 1482, Piero della francesca examine le changement que le point de vue du spectateur fait subir aux figures et il est possible de dire que les fresques ordonnées autour de la fenêtre centrale -ici- à la basilique Saint François témoignent de cet intérêt qu'il portait aux aspects pratiques de la perspective quelques années avant la rédaction de son essai. « Il n'y a pas ici d'illusion de profondeur, la plupart des scènes se déroulent au premier plan tandis que les autres personnages s'organisent à partir des premiers, ce qui favorise la lecture de l'image. »[76]

La fenêtre de par sa taille et sa place est la base à partir de laquelle le peintre et ses commanditaires ont conçu l'ensemble de la narration en tenant compte des « effets de présence » des différentes scènes. Comme le note si justement Louis Marin: Piero della Francesca construit toute sa composition selon un « schème opérateur croix (qui) effectue l'articulation entre le plan de la représentation et le plan représenté pour construire l'espace représenté »[77]. Et cet historien sémioticien ajoute *le jeu* de compréhension pensé par le peintre quant au regard de celui qui regarde et qui se déplace au cœur de l'espace donné. Car « un parcours de lecture n'est pas seulement le parcours

---

[75]Louis Marin, *Piero della Francesca, peintre d'histoire ?* In revue Critique N°738 – 2008-11. éd. De Minuit

[76]in *L'art italien de la Renaissance à 1905* Philippe Morel éd. Citadelles et Mazenod p.223

[77]opus cité p. 151

d'une surface et de son illusoire profondeur par le regard. Dans le volume architectonique, il est aussi déplacement du spectateur […] c'est eu égard à ce déplacement, doublement réglé par la succession des épisodes sur murs et parois (la logique narrative de l'histoire à raconter) et par la structure architectonique de la chapelle - chœur qu'apparaissent les effets du fonctionnement – opérateur croix. » [78].

Nous renvoyons le lecteur à l'analyse détaillée, novatrice - à nos yeux - des différentes places tenues par le spectateur au chœur de la chapelle Bacci[79].

 Et par ailleurs, la fenêtre en tant que *source de lumière* permet l'ordonnancement des ombres portées à chaque personnage lui donnant son « effet de présence »: le peintre ayant su tirer partie de la lumière diffusée par la baie. Et cette *source de lumière,* Georges DUBY [80] rappelle qu'au Moyen – Age Dieu est lumière et c'est pourquoi les cathédrales gothiques témoignent de cette profusion de lumière dans leur architecture et dans la recherche poussée à l'extrême de fenêtres monumentales, de rosaces qui laissent pénétrer à l'intérieur de la nef cette lumière naturelle d'essence divine. Il est important de rappeler cette théologie chrétienne de la Lumière pour encore mieux comprendre dans la lecture des fresques de Piero della Francesca, cette valeur signifiante, divine de la lumière dispensée aux personnages agissant dans les différentes scènes. La lumière artificielle de l'Ange éclairant la nuit du rêve de Constantin n'en est que plus originale à l'époque, car a contrario il illumine les ténèbres de la nuit, manifestant ainsi la toute puissance divine qui se vérifie par la victoire de la bataille de Constantin. Bataille qui ouvre toute l'histoire glorieuse de l'Eglise catholique. En 1459, au XVIème siècle, cette vision d'un Dieu omnipotent et agissant pour le bien des hommes guide la vision de Piero della Francesca.

Pour nous, pour conclure, il nous suffit de constater que la fenêtre architectonique de la chapelle a contribué à la conception de Piero

---

[78]opus cité p.146
[79]opus cité p.147
[80]*Le temps des cathédrales* de Georges Duby NRF éd. Gallimard

della Francesca de « mettre en scène » d'une manière nouvelle le récit de la *storia,* lui donnant une nouvelle signification. Non plus une succession d'épisodes chronologiques suivant le texte de Jacques de Voragine sur plusieurs siècles mais bien plutôt de faire un choix des événements les plus représentatifs pour les développer sur chaque panneau afin de représenter picturalement une vision qui donne au pouvoir de Dieu, matérialisé par la lumière, toute sa place et sa signification. Que serait le pouvoir des hommes sans Dieu ? Piero della Francesca poursuit à Arezzo la tradition chrétienne, aimée des Franciscains, qui donne à la lumière du jour, son rôle et sa fonction d'être la représentante réelle et quotidiennement répétée de la lumière divine en lui restituant toute sa place: la première. Chaque homme petit ou puissant trouvant en Dieu non seulement sa naissance et sa promesse de salut selon le catéchisme de l'Eglise catholique. Cette chapelle Bacci a été voulue par la famille pour commémorer la mémoire d'un des leurs et par les Franciscains qui habitant le lieu souhaitaient témoigner de leur foi en un Dieu fort, puissant et bienveillant. Cette double commande jointe aux contraintes architecturales d'une petite chapelle derrière l'autel baignée de la lumière de la grande baie en ogive a offert à Piero della Francesca un lieu où il a su développer son art pictural de la fresque avec l'intelligence des volumes et des possibilités de réception du message peint par le spectateur de telle manière qu'encore aujourd'hui, cette peinture murale témoigne d'un art à son acmé, ce qui justifie que cinq siècles plus tard, nous rendant sur les lieux, nous en sommes encore émerveillés.

Ainsi avec ce dernier chapitre, nous avons tenté de synthétiser le rôle et la fonction de la fenêtre dans son rapport à la composition des fresques de notre corpus.

Tout d'abord comme *trou dans la paroi,* élément architectural, la fenêtre offre de nouveaux supports au peintre pour développer son continuum narratif en se servant de l'illusion et du trompe l'œil pour construire des volumes qui créent des « boîtes » de sens approprié à la narration des épisodes relatés. Puis comme *lieu du divin,* elle offre un vide que le peintre transforme en un lieu rempli du pouvoir de l'Esprit de Dieu venant bousculer avec force avec la parole de l'ange Gabriel une simple jeune fille en Mère de Dieu, moment fondateur de tout le mystère de la foi chrétienne. Et, la fenêtre fictive peinte dans la *storia* de la Sainte Catherine d'Alexandrie figure, symbolise ce passage de l'avant de la conversion et de l'après, élément narratif visuel capable de rendre compte d'un événement spirituel. Enfin, la fenêtre comme source de lumière et élément fondateur de la composition des fresques de la chapelle Bacci à Arezzo culmine avec son rôle incontournable de contrainte architecturale et symbolique: la lumière étant de par la tradition chrétienne depuis le Moyen Age, la présence naturelle de Dieu parmi les hommes.

CONCLUSION

Au terme de cette étude sur le *jeu de la fenêtre dans les fresques du Trecento et du Quattrocento,* il est important de redire avec quelle modestie, nous avons travaillé avec ce corpus limité. Le titre de ce mémoire pourrait laisser penser à un travail beaucoup plus abouti et approfondi sur l'ensemble des fresques de la période. Mais dans le cadre de cette initiation à la recherche, nous avons été très heureux de nous être limités à ces quatre lieux et ces six fresques.

Ayant appris, pas à pas, combien chaque lieu exige un travail circonstancié et minutieux impliquant une connaissance des documents archivés et des lieux mêmes. Nous avons évoqué en introduction la difficulté concrète à voir dans de bonnes conditions les fresques: grilles, interdiction d'accès (Fig.25 et 26) et (Fig.38.c) Sans doute que dans le cadre d'une étude plus longue comme le doctorat le propose, nous aurions eu accès à une bonne visibilité des fresques, autorisée par les responsables des lieux.

Il faudrait approfondir au cœur même des fresques étudiées et avec d'autres sans doute, ce rôle et ces fonctions du bâti, au plan pictural et symbolique pour lui donner toute son ampleur: la fresque étant cette expression picturale murale, située et totalement conçue en fonction d'un espace construit par des architectes qui -comme Alberti l'écrivait- le concevait comme un corps aux fonctions bien précises. Avec les chapelles et les églises, cet espace est dévolu à la célébration de la parole de Dieu, de la prière et du recueillement. Mais aussi, ces fresques accréditaient la position sociale du commanditaire et sa renommée ayant une fonction politique évidente au coeur de la cité. Ces images peintes, véritables livres ouverts à tous selon son rang et ses connaissances en théologie ou non, manifestaient un pouvoir: celui d'une Eglise catholique qui renforçait ainsi son autorité sur la cité, renouvelant par les figures peintes et les scènes représentées une histoire sainte, renouvelée, réactualisée, apte à toucher, à séduire, à enseigner ceux et celles qui venaient la voir, la contempler. Le mystère divin, diversifié par les *storie* des saints à l'iconographie connue comme celle de Jean Baptiste - représenté trois fois dans notre corpus – ou de celle de Marie dont le rôle omniprésent comme figure et comme modèle de foi, était lu, vu, mémorisé par la communauté villageoise pour sa piété mais aussi pour sa fierté de posséder sur leur commune des fresques reconnues et célèbres. Le nom des *bottega* des peintres était connu dans les provinces, favorisant la réputation de la commune avec celle du commanditaire. Gloire acquise par l'art, richesse tant matérielle que spirituelle.

Aujourd'hui, c'est à l'historien d'art, de savoir décrypter pour chacune de ces œuvres d'art peinte sur des murs (trop humides)[81] le sens qui ne peut que résulter d'une analyse plurielle à la croisée des chemins de l'iconographie et de l'iconologie sans oublier la dimension architecturale et sémiotique pour en faire comprendre et sentir la richesse polysémique sise avec le bâti. La rigueur de l'analyse s'allie à l'émotion ressentie face à chaque œuvre pour en fin de compte contribuer à leur redonner encore une fois son pouvoir de séduction.

De 1344 à Montesiepi à 1452 à Arezzo, notre promenade et notre étude nous ont convaincus de la vitalité et de l'intelligence de ces peintres fresquistes qui mettaient leur pinceau et leur art au service d'une pensée dont Daniel Arasse disait dans son introduction à son livre sur *L'Annonciation italienne:* « L'interprète ne peut qu'analyser sa mise en œuvre. L'opération comporte des risques mais c'est à ce prix qu'on peut espérer approcher la pensée qui habite ces objets et leur donne aujourd'hui encore, leur qualité de présence ».[82]

---

[81] Il faudrait prendre en compte l'état de conservation des fresques et de leur restauration comme l'excellent travail mené à la chapelle Saint Jean de la Chartreuse de Villeneuve-lès-Avignon par l'équipe de Marie Feillou.
[82] op. cit.p.15

Table de matières

Bibliographie

- Alberti *De Pictura* traduit du latin et présenté par Danielle SONNIER éditions ALLIA 2010 *De re aedificatoria, l'art d'édifier* traduit par Pierre Caye et Françoise Choay Seuil 2004

- ARASSE Daniel *l'Annonciation italienne Une histoire de perspective* Hazan 1999 2010

- Daniel ARASSE *Décors italiens de la Renaissance*, articles réunis et présentés par Ph. Morel, Paris, Hazan, 2009

- Joan E. BARCLAY Lloyd, *"The building history of the medieval church of S. Clemente in Rome"* The Journal of the Society of Architectural Historians 45.3 (September 1986), pp. 197-223.

- BAXANDALL Michael *L'œil du Quattrocento L'usage de la peinture de la Renaissance* éd. Gallimard 1985

- CASTELNUOVO Enrico *Un peintre italien à la cour d'Avignon* ed Gérard Monfort coll. Imago Mundi traduit de l'italien par simone Darves et Sylvie Girard Torino 1991 trad 1996

- CHARPENTRAT Pierre *Effets et formes de l'illusion* Nouvelle Revue de Psychanalyse Numéro 4 automne 1971 Gallimard

- DALMASSO Véronique *De l'interprétation des gestes à l'invention du corps* Nouvelle revue d'esthétique 2009 1/N°3 p.93, 100

- DAMISH Hubert *Un souvenir d'enfance* par Piero della Francesca éd. Seuil 1997

- DUBY Georges *Le temps des cathédrales, l'art et la société.* Nrf éd. Gallimard 1976

- ERISTOV Hélène *Peindre les parois, Peindre des images.* Le décorateur et l'artiste Catalogue de l'exposition L'Empire de la couleur De Pompéi au sud des Gaules Musée Saint Raymond, musée des Antiques de Toulouse 2015

- Piero della Francesca *De prospectiva pingendi* traduit JP Le GOFF De la perspective en peinture in Medias 1998

- FOCILLON Henri et P. de VECCHI *Tout l'œuvre peint de Piero della Francesca* Paris Flammarion. 1968

- JAMMER Max *Concepts d'espace, une histoire des théories de l'espace en physique* Vrin 2009

- KANE Eileen *San Clemente the Saint Catherine Chapel* Collegio san Clemente Rome KINA italia S.p. A Milan 2000

- LACLOTTE M. et D. THIEBAUTH *L'école d'Avignon* Flammarion 1983

- Marilyn Aronberg Lavin, Carlo Bertelli, Maria Teresa Donati, Anna Maria Maetzke: *Piero della Francesca: la Légende de la vraie croix à San Francesco d'Arezzo*, Milan, Skira 2001
- LONGHI Roberto *Masolino et Masaccio* éd. Pandore 1983

- LONGHI Roberto *Piero della Francesca* avec catalogue raisonné, Éditions Hazan (1989 & réédition 2000)

- del LUNGO Andrea *La fenêtre - Sémiologie et histoire de la représentation* Seuil Paris 2014

- KLUCKERT E. *La peinture Gothique*, l'art Gothique éd. Konemann, 1996

- MARIN Louis *Le cadre de la représentation et quelques-unes de ses figures* (1987) dans *De la représentation* in site de Louis Marin

- MARIN Louis *Opacité de la peinture. Essais sur la représentation au Quattrocento* Éditions Usher 1989

- MOREL Philippe, Daniel ARASSE, Mario d'ONOFRIO L'art italien du IVème siècle à la Renaissance éd. Citadelles et Mazenod 1997

- de MONTCLOS Jean Marie Pérouse *Architecture, méthode et vocabulaire* Imprimerie nationale 1972

- VENTURI Lionello *Piero della Francesca*, collection Le Goût de notre temps, éd. Skira 1954

- WITTKOVER Rudolf Les principes de l'architecture de la Renaissance éd.de la passion New York 1997

- WITTKOWER Rudolf et Giulio Carlo ARGAN
  Architecture et perspective chez Brunelleschi et Alberti
  éd. Verdier 2004

- WAJCMAN Gérard *Fenêtre Chroniques du regard et de
  l'intime* éd.Verdier 2004

- WHITE John *Naissance et renaissance de l'espace
  pictural* 1957 par Faber limited en anglais et traduit de
  l'anglais par Catherine Fraixe. éd Adam Biro 2003

Sitographie

- http: //ceroart.revues.org/2648 La documentation des peintures murales de la Chapelle des fresques de Villeneuve-lès Avignon *De l'observation à la traduction numérique* de Marie Feillou

- http: //www.pierodellafrancesca.it/94/ITA/Biografia

- http: //fr.wikisource.org/wiki/Dictionnaire_raisonn%C3

- BORSOOK E. Gli affreschi di Montesiepi, Florence 1966 http: //www.persee.fr/web/revues/home/prescript/article/rvart_0035-1326_1995_num_108_1_348203

- http: //www.louismarin.frhttp: //fr.wikisource.org/wiki/La_L%C3%A9gende_dor%C3%A9e/Sainte_Catherine

- http: //www.aparences.net/art-et-mecenat/rome-mecenat-et-pouvoir-papal/rome-le-retour-de-la-papaute/ La place des papes en tant que commanditaires

- http: //www.mairiecahors.fr/patrimoine/medievale/glossaire/glossaire-pages/page_baiearemplage.htm

- http: //eduscol.education.fr/cid46339/espace-lumiere-et-son-dans-l-architecture-religieuse